教育部哲学社会科学重大委托项目
"高等学校青年教师专业发展能力提升研究"（项目编号：13JZDW006）成果

高等学校青年教师
专业发展能力提升研究

谢红星　文鹏　张丹　朱晨光　编著

WUHAN UNIVERSITY PRESS
武汉大学出版社

图书在版编目（CIP）数据

高等学校青年教师专业发展能力提升研究/谢红星,文鹏等编著.
—武汉:武汉大学出版社,2022.11(2024.3 重印)
ISBN 978-7-307-23385-0

Ⅰ.高…　Ⅱ.谢…　Ⅲ.高等学校—青年教师—师资培养—研究—
中国　Ⅳ.G645.12

中国版本图书馆 CIP 数据核字(2022)第 198432 号

责任编辑:龚英姿　　责任校对:李孟潇　　整体设计:韩闻锦

出版发行:**武汉大学出版社**　(430072　武昌　珞珈山)
　　　　(电子邮箱:cbs22@ whu.edu.cn 网址:www.wdp.com.cn)
印刷:广东虎彩云印刷有限公司
开本:720×1000　1/16　印张:10.75　字数:178 千字　插页:1
版次:2022 年 11 月第 1 版　　2024 年 3 月第 3 次印刷
ISBN 978-7-307-23385-0　　定价:48.00 元

序　言

　　母校湖北大学党委书记谢红星教授主持完成了教育部哲学社会科学重大项目研究，编著了《高等学校青年教师专业发展能力提升研究》一书，嘱我写几句话，我毫不犹豫就应承下来。这里有感情的成分，但更多的是一份责任。

　　我长期关注高校青年教师发展问题，深感这是我国高等教育命脉之所在。师者，教之本也。近20年来，我国高等教育迈上了从精英化向大众化再到普及化的发展阶段，招生规模和在校生总人数快速增长，办学条件全面紧张。物质条件的补充和配置问题相对比较好解决，办学经费的筹集也有多种渠道，唯有师资队伍建设难以在短期内奏效。据统计，1977年恢复高等教育秩序的时候，全国普通高校有专任教师18.64万人，到2000年增加到46.27万人，到2010年，竟猛增到134.31万人，2020年更达到183.30万人。2020年分别比1977年、2000年和2010年增长883.36%、296.15%和29.81%。在高等教育向大众化和普及化发展的进程中，由于我国高校教师基数少，所以，新增教师主要是应届硕士和博士毕业生。更由于博士生培养周期长、毕业生人数有限，所以，新增教师中硕士毕业生占大多数。据统计，2020年，在一流大学建设高校、一流学科建设高校、普通本科高校、新建本科高校和独立学院，师资队伍中拥有博士学位教师的比例分别为81.5%、68.2%、43.5%、15.5%和14.5%；在1270所本科高校中，"双一流"建设高校有137所，占比仅为10.78%。也就是说，在占绝大多数的普通本科高校、新建本科高校和独立学院的教师中，拥有博士学位教师的比例是很低的。按我国学制计算，硕士毕业年龄通常在25岁左右，博士毕业一般在二十八九岁，所以，目前我国高校教师平均年龄是很低的。统计表明，在本科高校中，45岁以下教师的平均占比达到67%，其中，普通本科高校（66.6%）、新建本科高校（74%）和独立学院（72%）教师的平均年龄更低。从学历和年龄状况可知，年轻化是我国高校教师的一个显著特征，它衍生出来的一个突出问题就是师资队伍知识化的整体水平偏低。当然，应当承认，与 20 年前相比，情况要好很多，进步是非常明显的。

　　正是从这个角度讲，谢红星教授领衔的项目研究成果《高等学校青年教师专业发展能力提升研究》是非常及时的，有很强的现实针对性，对高校组织开展教师专业发展，全面提高教师专业素质和能力具有重大意义。项目团队研究结果显示，青年教师专业发展的重心在师德师风素养、学科专业能力以及教育教学能力等三个方面，青年教师只有通过持续的学习和提高，才能成为德才兼备、全面发展的教育力量。他们重点研究了青年教师的思想政治素养、教育教学能力和学术科研能力，在阐述三方面素养、能力内涵和表现的基础上，从个人、学校和社会三方面深刻分析了高校青年教师专业发展受到的影响，建设性地提出了开发青年教师专业发展项目的思路和策略。这些研究对各高校开发青年教师专业能力提升研修项目，促进青年教师专业发展具有重要指导意义。比如，他们提出，高校青年教师的教育教学能力主要包括教育能力、教学能力和教育信息化能力等三个方面，教育能力包括全面了解学生的能力、对学生进行思想政治教育的能力和对学生进行心理健康教育的能力；教学能力包括教学设计能力、实施能力、评价能力、反思能力和研究能力；教育信息化能力包括信息化教学资源的开发与运用能力、信息化教学创新能力和信息技术与教学深度融合能力。高校青年教师的学术科研能力主要包括科研创新能力、科研合作能力和科研成果转化能力等三个方面，科研创新能力主要包括知识能力结构、科研创新意识、学术素养和科研方向等；科研合作能力包括科研团队合作和国际交流合作；科研成果转化能力分为教学资源的转化能力和社会服务的转化能力。毫无疑问，这些阐发对于把握高校青年教师专业能力的各构成要素及其维度，更精准地为青年教师组织开展专业发展活动，提高青年教师专业能力大有助益。

　　在阅读过程中，有两个问题总是若隐若现地不断出现：一是高校青年教师的职业归属感和忠诚度；二是高校青年教师的可持续发展能力。职业归属感和忠诚度是所有职业对从业者的要求，高校对教师的要求更高，这与高校的组织属性和高校教师的职业属性有关。高校是社会学术组织，其学术性既体现在教育教学上，又体现在科研和社会服务上。高校的社会使命和功能集中表现为教学学术和科研学术的发扬光大。高校教师受学术熏陶多年，接受了学科专业的学术规训，打下了扎实的学术功底，建立了自己的学术理想和信念，认同学术职业价值，将个人的人生价值寄托于学术职业，以学术为事业或以学术为志业。因此，成熟的高校教师都会树立牢固的职业归属感和忠诚度。尽管这看上去可能有些理想化，但高校需要这样的从业者，高校教师需要这样的理想和信念。人是需要理想和信念的，高校教师更甚。没有理想和信念，高校教师营营苟且于校园，不但误人子弟，荒芜学术，而且个人生活无聊空虚，苟活于世，空耗生命。我国高校部分青年教师因学术规训不足，学术功底欠扎实，学术理想信念淡薄，并非从志业和事业角度选择在高校从教，而是把高校教师等同于其他社会职业，比较单纯地为了就业或物质待遇而栖身于校园。尽管现在无法将高校青年教师根据职业归属感和忠诚度进行统计分析，但确定无疑的是，教师专业发展的主要任务之一是培养青年教师的职业归属感和忠诚度，使青年教师的人生理想和信念与高校的学术事业高度融合。这样的从业者才是高校青年教师专业发展追求的最高目标。

可持续发展能力是现代社会对各行各业从业者能力的基本要求。高校教师的学术性特征要求从业者永不停止发展的脚步，始终走在学术探索创新的旅途上。学术是常新的，高校教师每年接触的学生不同，教育教学的要求不同，学科知识更新越来越快，技术手段越来越先进，教师只要放弃了对教学的探索、对学科的创新，就会固步自封，落后于时代。这样的高校教师既不能为学生所接纳，更不能为学科所容忍。所以，高校教师应抱定自强不息、止于至善的精神，勤勉地耕耘于杏坛、遨游于学海。高校青年教师的学术之路是漫长的，数十年的学海遨游不仅需要学术理想和信念支持，更需要"苟日新，日日新，又日新"的自我发展能力，持续不断地完善自己。可持续发展能力是高校青年教师立足于学术职业的关键素养，青年教师专业发展必须关注他们的可持续发展能力提升。

我国高等教育发展已经迈入普及化阶段，不但较低层次教育得到了大幅度扩招，高层次教育也发展很快。青年教师的学历水平将得到明显提升，青年教师的未来发展潜力大、前景广阔。青年教师发展不能任由他们自生自灭，有关各方都应从高等教育事业发展大局出发，从各自的角度开展工作，发挥积极作用，为教师专业发展创造优良的条件。教师专业发展既是教师个人的事，又是高校的事，还是党和政府的事，也是社会的事。教师自己应当重视专业发展，加强自我修养，不断增强个人的专业素养和职业归属感，提高对学术事业的认同感、忠诚度和履职尽责能力。高校应当研究自身师资队伍的状况和需要，根据青年教师的特点和需要，组织开展教师专业发展活动，促进教师专业素养和能力的提高。党和政府应当制定更有效的政策措施，为高校开展教师专业发展提供经费支持和资源保障。社会有关方面应当积极采取措施，营造尊师重教的社会环境，为高校教师树立终身从教的职业理想创造优良的环境和氛围。

高校教师年轻化意味着他们的职业生涯将持续很长时间。可以预料，在我国 180 多万名高校教师中，大多数人的从业年限都会在 20 年以上。从可持续发展需要出发，高校青年教师专业发展的意义不只在当前，更在未来和长远。甚至可以说，我国高校青年教师专业发展水平在一定意义上标示着我国高等教育发展水平。教师兴，则高校兴。此言不虚。

厦门大学海韵学生公寓工作室

2022 年 1 月 22 日

目　　录

第一章 导　　论

第一节　相关概念界定

一、高校青年教师

1. 对象范围

百年大计，教育为本。教育大计，教师为本。教师是立教之本、兴教之源，是教育发展的"第一资源"，对于教育事业发展具有决定性作用。教师队伍建设的成败，不仅关乎教育发展、人民幸福，更关乎民族振兴、国家崛起。

师资建设，青年为基。青年教师是高校教师队伍的重要组成部分，是建设中国特色世界一流大学、办好人民满意高等教育事业的重要力量。明确"高校青年教师"的指向及范围，首先必须对"青年""高校教师"等两个关键词加以分析。

一是关于"青年"的定义。"青年"所指对象在不同国家、不同行业、不同领域具有不同所指，而且一般伴随经济社会发展和文化环境的变化而变化。关于"青年"所指年龄阶段，有代表性的阐述主要有：联合国于 1985 年首次将青年的年龄范围限定在 16~34 岁；联合国教科文组织则将青年定义为 16~45 岁的人；联合国世界卫生组织 2013 年确定的新年龄分段中将 44 岁视为青年的上限；中国国家统计局认为青年的年龄范围在 15~34 岁；青年联合会认为青年是指 18~44 岁。根据上述阐述，我们可以理解"青年"所指年龄阶段大致在 16~45 岁。

二是关于"高校教师"的定义。《中华人民共和国教师法》第 3 条规定："教师是履行教育教学职责的专业人员，承担教书育人、培养社会主义事业建设者和接班人、提高民族素质的使命。教师应当忠诚于人民的教育事业"。①根据这一规定,高校教师是指具备高校教师任职资格并在普通高等院校内专门从事教学和科研工作的专业技术人员。根据教育部规定以及各地工作实际,我国高校教师必须参加统一组织的岗前培训,办理高校教师资格证书之后,方可在高校从事教学科研工作。

根据我国当前教育体系的学龄限制和常规学制安排,结合大多数高校对于专任教师聘任学历的要求,应届博士毕业生入职的年龄一般在28~35岁。再结合当前我国法定退休年龄的规定,副高以上专业技术职称的退休年龄为60岁。参照上述关于"青年""高校教师"等关键词的分析,故本书将45周岁作为高校青年教师的年龄上限,本书所指的高校青年教师限定为年龄在45周岁(含)以下,在普通高等院校中承担教学科研工作的专任教师。据统计,全国高校专任教师中,45周岁以下的青年教师占到2/3,已经成为我国高等教育事业发展的中坚力量。②

2. 我国高校青年教师的特点

密歇根大学前任校长詹姆斯·杜德斯达曾说:"教师是高校的主要学术来源,一所高校招聘什么样的教师直接影响到高校的学术活动、学生整体的质量、教学本身与学术的优异成绩、通过公益服务更广泛地向社会提供服务的能力,以及从个人和公共渠道吸引资源的能力。"高校的教学和研究主要由教师来承担,教师对学生的学习和发展产生直接和主要的影响,对提升、促进、确保和评估学生的学习负有主要责任。作为学生的培养人和知识服务的执行人,教师的表现对高等教育质量水平来说具有决定性意义,可以说,教师表现的水平基本上代表高等教育的质量水平。

青年教师是高校教师队伍中的一支重要力量,也是表现最为活跃和最具发展潜力的教师群体,是高等教育发展的生力军。充分了解高校青年教师群体特点,据此开展针对性的帮扶指导工作,对于建设高素质专业化创新型高校教师队伍、全面提高高等教育质量具有重要意义。结合本书编写组承担的课题调研任务以及相关文献资料,我们认为我国高校青年教师具有以下特点:

---

① 中华人民共和国教师法〔EB/OL〕.(1993-10-31)〔2021-12-02〕. http://www.moe.gov.cn/jyb_sjzl/sjzl_zcfg/zcfg_jyfl/tnull_1314.html.

② 教育部高等教育教学评估中心.全国普通高校本科教育教学质量报告(2020年度)〔M〕.北京:高等教育出版社,2021.

一是思想活跃但政治素质及师德师风水平有待提高。毛泽东同志曾说过,青年人朝气蓬勃,正在兴旺时期,好像早晨八九点钟的太阳。高校青年教师大多处于职业初期,思想活跃、充满朝气。此外,我国高校青年教师来源多样、结构多元,不少教师具有海外留学经历。有的高校青年教师受西方敌对势力影响,理想信念不够坚定,在树牢"四个意识",坚定"四个自信",坚决做到"两个维护"等方面贯彻执行得不够到位;有的高校青年教师缺乏做好青年大学生思想引领工作的意识和本领,在结合专业知识讲好思政故事,深入浅出阐述"中国共产党为什么能、马克思主义为什么行、中国特色社会主义为什么好"等方面的探索不够方法不多;有的高校青年教师对青年大学生的关心爱护不够,对于学生遇到的生活困难、人生困惑、升学就业困境等了解不够、指导不多;有的高校青年教师漠视党和国家的文件政策要求,言行举止有违高校教师师德规范,严重影响和损害新时代高校教师的良好形象等。这些问题要求我们必须持续提升高校青年教师的思想政治素质和师德师风素养。

二是学历普遍较高但缺乏教育理论知识和教学技能训练。伴随高校准入门槛的提升,目前我国高校青年教师绝大多数具有研究生学历、硕士及以上学位,经过长时间规律性的专业学习,他们对于专业领域内的知识比较熟悉,在科研方面也有初步明确的研究方向,有的甚至在专业研究领域内具备了一定影响力。然而,衡量一名教师是否合格,除了必备的学科专业能力之外,还有非常重要的一点就是要有扎实的教育教学能力,也就是讲授、传播专业知识的能力。教育教学能力的掌握并非一蹴而就,需要必备的教育理论知识和一定的教学实践技能,需要教师从教育理念、教学方法、教学心理、教学评价、教学反思等多个方面开展理论研究和实践探索。在工作中,我们常常注意到,有的青年教师尽管在学科专业能力方面表现不错,但课堂教学效果并不理想,存在不知道如何讲、不知道怎样讲好等情况。从我国高校新入职教师培养工作实际来看,大多数青年教师都是毕业后直接进入高校工作,不仅在学生阶段没有进行过专门的师范教育学习,没有掌握必备的高等教育学、高等教育心理学等教育理论知识,而且在初为人师阶段也没有专门的教育实习见习期,缺乏必要的课堂教学实践经历,往往是一毕业就直接上讲台。如何站稳讲台讲好一堂课,进而赢得学生认可和欢迎,成为很多高校青年教师急需解决的首要问题。此外,伴随时代发展和新技术变革,以 VR(虚拟现实)教育技术、AR(增强现实)教育技术、MR(混合现实)教育技术、AI(人工智能)教育技术等为代表的

3

新一代教育技术正在兴起，对高校课堂教学带来变革性影响，高校青年教师必须适应时代发展潮流，主动拥抱新一代教育技术，在信息化教学改革、信息化教学管理平台运用、数字化教学资源开发与建设等方面敢于探索、勇于人先。

三是具有职业理想但缺乏必要的职业发展规划与指导。相对其他年龄阶段的高校教师群体而言，青年教师处于思维最为活跃、精力最为旺盛的时期，处于干事创业的最好年龄阶段。绝大多数青年教师树立了远大的职业理想，期待在我国高等教育高质量发展的时代大潮中创先争优、建功立业，进而实现自我的人生价值和社会价值。但从现实情况来看，目前我国高校青年教师的职业发展追求与职业发展规划之间存在一定"脱节"。一方面，各级各类高校对青年教师的职业发展规划重视不够。除了在新入职教师岗前培训中安排了一定的职业发展规划指导内容之外，在青年教师的后续发展过程中，较少提供专门的职业发展指导和个性化的组织培育扶持。青年教师在成长发展的关键阶段和特殊时期，缺乏必要的资源支持和团队支撑，以致发展方向不明、发展信心不足、发展动力不够。另一方面，青年教师根据社会期待和学校要求对个人成长方向的调适能力有待提升。基于个体特点，青年教师往往在个人职业发展过程中存在一定的选择性偏好，尤其是受长期以来的教师评价体系影响，或轻教学重科研，或轻实践重理论，或轻成果转化重项目申报等，一些青年教师只重视某一方面能力的提升，忽视了个人在师德师风、教学能力、科研水平、社会服务能力等方面的协调发展。基于上述分析，必须根据高校青年教师这一特点，进一步强化青年教师的职业发展规划与指导工作，推动青年教师培养工作实现个人发展与组织培育相结合，引导青年教师将个人发展与学校发展、国家发展相结合，在实现个人职业理想的过程中，为全面提高我国高等教育质量、实现中华民族伟大复兴作出积极贡献。

四是面临诸多压力需加强引导调适走出现实困境。"青椒"是网络上对高校青年教师的戏称，这一网络代名词既体现了青年教师的青春气息，也暗喻他们成长过程中的苦涩经历。在大多数人眼中，高校青年教师是一个令人羡慕的群体，应该是"知识水平高、经济收入高、社会地位高"的"三高"群体，不仅肩负高校发展的希望，更承载国家发展、民族复兴的厚望，但伴随这些"高、大、上"的标签，各种"压力山大"也随之而来。根据本书编写组开展的课题调研，我们注意到，目前我国高校青年教师面临的压力主要来自五个方面：一是教学任务及教学评价考核任务重，一些青年教师忙于应付日常教学，没有精力投身教学研究和科学研究；二是科研能力难以突破且科研考核压力大，一些青年教师面临发论文难、科研立项难、争取科研经费支持难等情况，在科研考核中有时面临无论文无课题无项目的尴尬局面；三是职称晋升通道拥堵，青年教师职称评审日趋"内卷"，一些青年教师甚至面临"非升即走"的境遇；四是经济收入相对不高，同比其他高收入行业，高校青年教师的经济收入总体水平不高，面临购房、赡养老人、抚养子女等各种压力；五是继续教育难以有时间和精力保障，高校青年教师参加各类学习培训、外出访学进修、攻读博士学位时，需权衡诸多因素作出决定。在多重压力因素的交织影响下，一些青年教师在生理上心理上均出现一定问题，需引起注意和重视。全社会和各高校应出台细化的青年教师发展扶持政策、建立更加科学完善的高校教师评价考核体系，为高校青年教师提供更多的人文关怀、更全面的发展支持，引导青年教师加强自我调适，及早走出现实困境。

二、教师专业发展

在现有的各类研究中，"教师发展""教师专业化""教师职业发展"以及"教师专业发展"等概念时常交替出现、混同使用。

"教师职业发展"侧重考虑"教师"作为一种普通的职业，而不是专业技术人员，包括职业轨迹、职业规划、社会地位、薪酬福利等方面。"教师专业化"则是教师这个群体经过专业发展后成为教育专业工作者，达到专业标准。教师专业化是教师专业发展的目标，希望呈现出的结果。"教师发展"的范畴最为宽广，包括教师职称评聘、薪酬待遇、身心健康、人际关系、教学水平、科研能力等各方面，涵盖了"教师专业发展"的内容。然而，随着社会化程度日益提高，"教师"已经成为具备专门知识和技能，并需将理论应用到实践，为公众提供服务的专业技术人员。因此，"教师发展"也越来越聚焦到"专业发展"这个核心概念。我们梳理了近几十年与"教师发展"和"教师专业发展"相关的研究，发现"教师发展"在某种程度上已经等同于"教师专业发展"。这一发展态势也符合厦门大学潘懋元先生提出的"高校教师发展的内涵在不同时期、不同国家或地区，随着社会发展需要的变化而变化"。①

---

① 潘懋元, 罗丹. 高校教师发展简论 [J]. 中国大学教学, 2007 (1): 6.

1. 国外教师专业发展内涵的演化

美国在 20 世纪 70 年代之前，对于大学教师发展的理解主要侧重于教师的科研能力。随着美国高等教育大众化进程推进，提高教育质量越来越受到关注，教师发展的任务由发展科研能力转为提升教学能力。1975 年，伯奎斯特和菲利普斯在出版的《大学教师发展手册》一书中提出，高校教师发展的首要目的是提高教师个人的教学质量，同时也应是综合的，包括教师作为教学者、个人以及组织成员的发展。① 这指明了衡量教师发展的指标是多样的，突出了以"教学发展"为核心。

1988 年出版的《教育研究百科全书》提出，高校教师发展是指那些为保持和促进高校教师个人专业能力发展，使他们在特定的院校中完成各种任务的项目、活动、时间和策略。教师发展关注的方面，包括教师所在学科的科研与学术活动，以及正式的课堂教学和个人职业生涯的非正式的管理。② 在这里，教师发展指向"专业发展"，具体包括"教学发展""学术发展""职业发展"三个方面。

1990 年，卡内基教学促进会前主席厄内斯特·博耶富有创造性地提出"教学学术"的概念，对全世界高校教师发展理念及实践产生了重大影响。同年出版的《国际教育百科全书》中较为全面且权威地指出：大学教师发展，广义上指发生在大学教师身上的总体变化，这些变化源于学校环境中各种因素的影响。狭义上指为改进大学教师的教学或科研成效而设计的一些发展项目，包括四个层次：（1）教学发展，改进课程的设计、改进教学技能和对学生学习的评价。（2）专业发展，提高专门技能和学科研究水平。（3）组织发展方面的绩效。（4）个人发展，改变大学教师对自身的理解和认识，改善他们的社会和组织环境，改变他们对自己工作的态度。③ 1991 年美国教育联合会（NEA）发表的《大学教师发展：国力的提升》报告书对大学教师提出了明确

① W. H. Berquist, S. R. Phillips. A Handbook for Faculty Development［M］. Washington, D. C.：Council for the Advancement of Small Colleges, 1975（1）：8.

② Menges R J, Mathis B C. Key Resources on Teaching, Learning, Curriculum, and Faculty Development：A Guide to the Higher Education Literature［M］. San Francisco：Jossey-Bass, 1988：254.

③ ［瑞典］托斯顿·胡森，等. 国际教育百科全书（第四卷）［M］. 贵阳：贵州教育出版社, 1990.

的发展目标：个人发展、专业发展、组织发展和教学发展。个人发展包括提高教师人际交往能力、维护健康、进行职业规划等。专业发展指获得或提高与专业工作相关的知识、技能与意识。组织发展则集中于创造有效的组织氛围，便于教师采用新的教学实践。教学发展包括学习材料的准备、教学模式与课程更新。①

由此可见，国外教师专业发展的内涵从重科研到重教学，再到形成初步的"教师专业发展综合属性说"，随着时代的发展所诠释的意义有所不同，正在不断地自我完善中形成科学、统一的认识。

2. 我国教师专业发展内涵的相关研究

我国关于教师专业发展的相关研究在 2000 年以后开始广受关注。厦门大学潘懋元先生指出，教师发展的内涵有广义和狭义之分。广义是指一切在职教师通过各种途径、方法的理论学习与实践，使自己的专业化水平持续提高、不断完善的过程；狭义是指初任教师的培训，即帮助初任教师更好更快地进入角色、适应教师专业化工作，并且敬业乐业的过程。从发展维度上来说，教师发展包括三个方面：学术水平、教师职业知识和技能以及师德。② 这三个维度都是教师作为专业人员所必须具备的知识、能力与态度，正是"专业发展"的范畴。

香港中文大学卢乃桂教授认为，教师专业发展是教师不断成长、不断接受新知识、提高专业能力的过程。它包含教师在生涯过程中提升其工作的所有活动。在这一过程中，教师通过不断的学习、反思和探究来拓宽其专业内涵、提高专业水平，从而达至专业成熟的境界。教师专业发展强调教师的终身学习和终身成长，是职前培养、新任教师培养和在职培训，直至结束教职为止的整个过程。教师专业发展不仅包括教师个体生涯中知识、技能的获得与情感的发展，还涉及与学校、社会等更广阔情境的道德与政治因素。③

有的学者认为，高校教师发展是旨在开发和提升高校教师专业能力的活动，在不同历史时期和不同情形下，高校教师发展或侧重提高高校教师的研究

---

① National Education Association. Faculty Development in Higher Education: Enhancing a National Resource [R]. Washington, D. C. : National Education Association, 1991: 11-12.

② 潘懋元，罗丹. 高校教师发展简论 [J]. 中国大学教学，2007 (1): 6.

③ 卢乃桂，钟亚妮. 国际视野中的教师专业发展 [J]. 比较教育研究，2006 (2): 74.

能力，或侧重提高高校教师的教学能力，甚或包括促进教师的身心健康、促进教师职业生涯的完善以及提升教师的生活品质。近二三十年来，高校教师发展主要是指旨在改善教师教学能力的活动。①

有的学者认为，对于大学教师发展内涵的理解不能脱离各国高等教育的发展现实。对于中国来说，大学教师发展包括教师高深知识的发展，教学、科研和社会服务能力的发展以及教师伦理道德的发展等三个方面。② 这三个方面受到大学职能的启发，归根结底仍是指向高校教师的"专业发展"。

还有学者认为，教师专业发展的关键是提升教师的专业素质和能力，核心是建构良好的知识结构，根本在于教师独有的实践知识的关注、获得与积累。教师实践知识的获得与积累的过程就是教师专业发展的过程，教师实践知识深化与"显性化"是教师专业发展的有效途径。日常教学实践是教师实践知识获得的基本场域，校本教研、教师反思和进修培训是教师实践知识深化与"显性化"的基本途径。③

综合以上学者的研究发现，教师专业发展强调一种持续性过程而非一次性的"过场"。高校教师作为专业技术人员，专业发展的内容涵盖学科专业能力、教书育人能力、教育教学能力三个方面。教育教学能力被单列为一项发展目标，强调了教学发展之于高校教师专业发展的重要性。因为教师的职业角色以及时代赋予教师的教育使命，要求高校教师在教学发展方面肩负更多的职责。当前我国"重科研而轻教学"的教育现状与提升高等教育质量的强烈呼求，决定了教学发展较高的关注度，也决定了我国高校教师专业发展对"教学发展"项目的倾斜。

三、高校青年教师专业发展

从教师专业发展到高校青年教师专业发展，研究对象更加精准。结合本章第一节对高校青年教师的对象界定和特点描述，我们对本书"高校青年教师

① 王春玲，高益民. 美国高校教师发展的兴起及组织化 [J]. 比较教育研究，2006 (9)：56.
② 李志峰，龚春芬. 大学教师发展：实践困境和矛盾分析 [J]. 教师教育研究，2008 (1)：23.
③ 王鉴，徐立波. 教师专业发展的内涵与途径——以实践性知识为核心 [J]. 华中师范大学学报（人文社会科学版），2008 (3)：125.

专业发展"的内涵做出以下界定：

第一，高校青年教师专业发展聚焦 45 岁以下高校青年教师群体，针对他们普遍存在的学历学位较高、学术科研能力较强但在教育理论、教学技能、师德师风素养等方面有待加强的特点，为新入职教师、青年骨干教师、后备学科领军人物提供一系列教育和发展的机会。

第二，高校青年教师专业发展重心在三个方面：学科专业能力，包括研究能力和水平；教育教学能力，包括教学方法、技巧、运用新技术手段的能力；师德师风素养，包括教师的责任感、使命感、职业理想。尤其是教育教学能力，这是高校青年教师作为教师这一职业最重要的专业能力。此外，还包括实践服务、国际化视野等多方面的知识、态度、能力的提高。

第三，高校青年教师专业发展是一项综合、全面的系统工程，由多方面、多因素共同促成和影响，既包括高校青年教师自主自愿投入专业发展活动，也包括各级各类教育行政部门和高等院校在专业发展工作中的政策、机制、保障和投入，还包括尊重知识、尊重人才、关心教育、支持教育的社会舆论环境。

第二节　高校青年教师专业发展的研究现状

一、从教师专业发展阶段的角度

美国教师发展研究领域的杰出学者费斯勒将教师的职业生涯周期共分为了八个阶段，依次是：职前教育阶段、引导阶段、能力建立阶段、热心和成长阶段、职业挫折阶段、稳定和停滞阶段、职业消退阶段、职业退出阶段。司德菲将教师发展共分为了五个阶段，依次是：预备生涯阶段、专家生涯阶段、退缩生涯阶段、更新生涯阶段和退出生涯阶段。① 国内学者通常以职前、入职、在职三个时间段为依据，将教师专业发展分为职前准备、入职辅导、在职提高阶段，并认为三个阶段是一体化的。② 高校教师的专业发展过程是指高校教师从准备进入高等教育这一领域，由没有教学经验的新手型教师到成为一名经验丰

① 杨秀玉. 教师发展阶段论综述 [J]. 外国教育研究, 1999 (6)：36-41.
② 唐玉光. 基于教师专业发展的教师教育制度 [J]. 高等师范教育研究, 2002, 14 (5)：35-40.

富的专家型教师，直到退出这一领域的整个成长过程。① 与之相应的，职前培训、入职培训和在职培训在教师专业发展的不同阶段发挥着重要作用。

1. 职前培训

1975 年，联合国教科文组织在召开的国际教育会议中提出：要在新教师的教育中，将职前教育和在职教育有机结合。② 随着 20 世纪 90 年代以来美国高校引入人力资源管理理念，高校将新教师作为重要的学术人力资源。1993—2002 年，由美国学院、大学联合会及美国研究生院委员会倡导发起了一个全国性的项目——PFF 项目（the Preparing Future Faculty program），即"未来师资培训"项目。③

此项目以研究型大学为主体，各种不同性质、不同层次的学校建立合作伙伴关系，共同培养未来打算成为高校教师的研究生，让学生在实际的工作环境中观察和体会高校教师研究、教学和服务的职责，以便未来更好地适应高校教师的工作。学生通过参与不同高校中的各种管理、建设会议和教师会议，对于学校的特定文化、高校教师的职业发展、如何进行社区服务等各方面的高校工作都有了一定的了解。另外，他们在实际的课堂教学锻炼中，对于师生关系、如何制定教学计划、怎样运用各种教学技能和解决学生的学习问题等也都有了一定的处理能力。

当前，我国高校的师范生培养项目也属于教师的职前培养，但这仅针对基础教育师资，针对高校教师的职前培养尚属空白。

2. 入职培训

（1）国外入职培训研究进展。

2001 年，美国发布《新任教师入职培训：一座至关重要的桥梁》报告，阐明入职培训关联的五个方面内容：所有新任教师都要参加为期一年的专业培训，安排合格的培训者，降低新任教师的工作量，严谨设立评价标准。④ 美国高校新任教师入职培训的方式主要有工作坊、研讨会、沙龙、午餐会、基于学

---

① 周景坤. 高校教师专业成长阶段研究 [J]. 教育评论，2015（3）：80-82.
② 联合国教科文组织. 变化中的教师作用 [R]. 1984.
③ 郭凌云. 美国 PFF 项目对我国高校教师职前培养的启示 [D]. 桂林：广西师范大学，2010.
④ American Federation of Teachers. Beginner Teacher Induction：The Essential Bridge Policy Brief Number 13 [R]. Washington，D. C.：American Federation of Teachers，2001.

生反馈的咨询、基于教学主题的项目制、基于戏剧艺术的教学戏剧和基于资助与奖励相结合的教学奖项运作方式等。① 美国新任教师入职培训的目标是为新入职的教师给予帮助和支持，帮助教师准确克服入职初期遇到的困难，降低新任教师流失率，巩固教师队伍。在日本，1988 年以立法的形式创立了"新教师研修制度"，对新教师进行有关教育技术的一般指导。在英国，一般都安排新任教师见习期，在这期间新教师在有经验教师指导下，一边教学一边学习。② 针对新教师开展的主要培训项目有：入职适应项目、导师制项目、教学和科研发展项目、在线专业发展项目和综合性指导项目等。

新教师适应项目以明尼苏达大学、密歇根州立大学、马里兰大学为代表，通过举行欢迎仪式、建立"教师工作坊"等，组织自愿参与、持续半年的专业发展研讨会，每周举行午餐会和研讨会，帮助新教师熟悉学校。导师制项目以加州州立大学长滩分校为代表，通过成对指导的方式，由富有经验的教师对新入职教师进行一对一指导，指导老师和被指导的新教师建立起每月一次交流的机制，并且由项目主任周期性地与相关教师进行讨论，从而进一步研究这种辅导关系。新教师教学和科研发展项目，以印第安纳大学设立的杰出年轻教师奖为代表，每年支持五名教师进行深入科学研究活动，此外，学校还实施暑期教学培训奖学金以及院系教师发展资助金等其他奖励项目，激励年轻教师开展科学研究。教师在线专业发展项目具有灵活、方便的优势，使新教师和导师可以打破时间和空间的限制，通过登录网络参与广泛的讨论和研究活动。综合性指导项目以美国康涅狄格州开展的"TEAM 计划"，即"教师教育与指导计划"为代表，围绕创设课堂环境、教学计划、教学实施、学生学习评价及专业责任等五个成长模块给新教师提供支持和帮助，并为评估通过的新教师颁发临时教师资格证。③

（2）国内入职培训研究进展。

1997 年，《高等学校教师岗前培训暂行细则》和《高等学校教师岗前培训

① 蔡亚平，田学红. 美国高校青年教师教学能力发展机制及启示——以密歇根大学为例［J］. 中国成人教育，2019（1）：63-66.

② 刘明霞，李森. 国外新教师入职教育及其对我国的启示［J］. 教师教育研究，2008，20（3）：77-80.

③ 杨艳梅. 美国新任教师专业发展的新尝试——康涅狄格州"TEAM 计划"评析［J］. 当代教育科学，2010（19）：28-30.

教学指导纲要》的出台标志着我国高校新教师岗前培训工作走向制度化的发展阶段。自此之后，我国高校青年教师培训的组织机构体系逐步形成，从中央到高校分为四个层面：第一，在中央由教育部统一指导；第二，以北京和武汉作为教师培训中心点，建立两个辐射全国的高等学校教师师资培训交流中心，同时建立华东、华北、东北、西南、西北、中南六个大区师资培训交流中心，负责协调统筹区域内的培训工作；第三，选取某些重点院校或者师资培训中心作为省级高师培训中心，统筹安排本省教师岗前培训工作；第四，各高校根据各自学科分布特点和实际情况，成立以人力资源管理部门和教师教学发展中心为主体的校本培训机构。①

省级统筹的高校教师岗前培训通常采取脱产集中培训、校本培训与在线学习相结合的方式进行。② 脱产集中培训开设高等教育学、高等教育心理学、高等学校教师职业道德修养、高等教育法规概论、现代教育技术实用教程以及高等学校教师教学科研方法论等课程。校本培训主要开设校史校情校规讲座、教学大纲编制、教学设计与教案编写、教学评价方法、教学实践、教研科研方法与项目申报、文献检索以及微格教学训练、名师示范教学观摩等内容。③ 在线学习的课程有高等教育学、高等教育心理学、高等学校教师职业道德修养、高等教育法规概论、现代教育技术等拓展视频及青年教师职业生涯规划与发展、高校新入职教师教学适应性培训等网络在线课程，一年内自主完成。课程学习完成后通过统一考试者，可获得岗前培训结业证书，并同时取得 150 个继续教育学时。此外，新入职教师还需参加不少于一个学期的教研实习，由高校为新入职教师配备师德高尚、教学科研经验丰富的指导教师，采取以师带徒的形式在教育思想理念、教学方法技能、科学研究以及职业生涯规划等方面给予具体指导。教研实习结束后，新入职教师需提供一门拟授课程实施大纲、授课教案、教学 PPT、课堂试讲录像和一份教研项目申报书，经由学校组织的 3~5 人考核专家小组考核达到合格以上成绩。④

---

① 唐智松，刘涛. 高校教师岗前培训中的问题与对策 [J]. 高等教育管理，2007（4）：98.

② 季兴帅. 高校教师岗前培训存在的问题及对策 [J]. 教育管理，2012（4）：31.

③ 陶勤. "校本化" 青年教师岗前培训模式浅论 [J]. 教育教学研究，2010（6）：242.

④ 广东省教育厅. 广东省高等学校教师岗前培训指导意见 [R]. 广州，2018.

2016 年 6 月，教育部发布《教育部办公厅关于启动实施高等学校新入职教师国培示范项目的通知》，决定从 2016 年至 2020 年每年组织 2000 名中西部高校新入职教师，参加为期 20 天的国家级示范培训，帮助新入职教师树立正确的专业理念，培养良好的师德修养、学术规范与心理素质，掌握基本的教育教学技能，提高教书育人能力，为今后的教师生涯发展奠定良好基础。培训内容围绕"专业理念与规范""教学理论与技能""信息技术与运用"三个模块进行设计，突出教育教学基本技能的实践教学。培训方式采取"专题讲授+实践教学+返岗教研"相结合的混合型培训方式，以专题教授为基础，实践教学为重点，返岗教研为延伸。① 2018 年 1 月，《中共中央 国务院关于全面深化新时代教师队伍建设改革的意见》指出，要将新入职教师岗前培训和教育实习作为认定教育教学能力、取得高等学校教师资格的必备条件，这进一步凸显了新时代高校教师岗前培训的重要性。②

这种由上至下高度统筹的岗前培训模式在经费投入、制度配套、机制运转等方面存在较大的优势，也不可避免地存在一定的不够灵活、缺乏针对性和实效性的问题。因此，高校教师岗前培训的模式和制度体系的构建是研究的热点难点，更是解决高校青年教师岗前培训的突破点和落脚点。③

3. 在职培训

高校教师在职培训是促进高校教师专业成长的重要途径，对高校教师教育教学能力和科研能力的提升具有重要意义和价值。教师的成长，首先需要自身的学习和提升。但是，外在因素的促进也必不可少。尤其对于年轻教师来讲，有计划、有组织的针对性在职培训对他们的成长更为重要。教学技能的把握，科研方向的确立，教学与科研的有效结合，都需要专家和骨干教师的引领与指导。即便是熟练型教师，甚至是骨干教师，教学与科研要走向更高的发展水平，迈向更高的台阶，也同样需要专家的引领和指导。因此，高校教师的在职

①　中华人民共和国教育部. 教育部办公厅关于启动实施高等学校新入职教师国培示范项目的通知［R］. 北京，2016.

②　中共中央 国务院关于全面深化新时代教师队伍建设改革的意见［EB/OL］.（2018-01-20）［2021-12-10］. http：//www. moe. gov. cn/jyb_ xwfb/moe_ 1946/fj_ 2018/201801/t20180131_ 326148. html.

③　赵慧君. 校园内的公共服务：高校教师岗前培训改革与发展研究［M］. 北京：中国社会科学出版社，2013：65.

培训不是可有可无的存在，而是必须要引起国家、政府和高校自身高度重视的问题。

（1）国外高校教师在职培训。

①美国高校教师在职培训。

美国教师在职培训主要来源于美国教师群体的自发需求，并且与国家项目和计划的支持密不可分。培训方法上，主要有教学咨询与研讨、教学技术辅导等。

在教学咨询与研讨中，可以有两种形式：一种是短期研讨会、长短期离校钻研会及拓展性校内钻研会。长期的离校研讨会一般在暑期举行，长时间的研讨有助于形成团队。与长期离校研讨会相比，短期研讨会则时间短暂、主题明确、成本低、效率高，主要是为教师提供新讯息。拓展性校内研讨会常利用上课时间，或者午晚餐时间来进行，多是相互交流信息。另一种是教学咨询活动，分为简单咨询和深度咨询两种形式。简单咨询是短时间内为教师解决一些小问题或提供专业建议，如在教学实践中教学平台故障问题等。深度咨询是较长时间地对重要工作问题进行专门沟通咨询，如教师对自己的职业生涯发展困惑进行咨询，与专业人员交流，对改善教师发展有特别的效果。

教学技术在新的教学形式下尤为重要。美国高校举办技术宣传活动、技术培训研讨班、技术咨询服务等，激励教师熟练运用教学技术，改善教学质量。

除了上述教学咨询与研讨、教学技术辅导以外，学术休假、建立教学档案等也是比较常见的在职教师专业发展活动。①

②德国高校教师在职培训。

德国在职教师专业发展项目关注点大到教学发展、学术发展，小到个性化发展的各个方面。德国"博洛尼亚进程"中的新要求，促使教师以学生为中心，从教学到学习的角色转变为大学教学开启了新的发展方向；促使德国高校成立了教师发展的相关机构，对高校教师培训和继续教育起到了重要作用。2005年发布的《关于高校教学法继续教育标准化和认证的指导方针》将课程内容划分为三个部分，完成每一部分需要70学时左右，并且将课时分为自选部分和必修部分。

---

① 裴跃进. 美国《教师专业化基准大纲》的解读与启示 [J]. 外国中小学教育, 2009（11）：32-36.

2008 年德国柏林高校研究中心开展工作坊形式的高校教学法继续教育项目，主题包括教学活动的安排、实施、教学评估与创新，还有学生考试等，还为教师提供学术和组织建设的一系列措施。①

③英国高校教师在职培训。

英国高校教师专业发展有其诸多鲜明的特色。英国高校获得了国家政策层面的指导和支持，通过财政政策、教育法案、保障机制，促进高校教师全面发展。1919 年成立高校基金委员会，为教师提供咨询。

1992 年，由英格兰高等教育拨款委员会等资助的教学培训项目使教学质量受到重视，相关的高校在职教师发展项目也得到了成长与完善。2004 年，政府还成立质量保障框架评论小组，该小组对教学质量保障进行有效评价。这些计划和拨款使教师专业发展得以持续，并且不断获得来自政策层面的保护与帮助。2006 年，英国高校教师专业发展标准框架的发布，提供了更专业的基础，标志着国家层面的教师专业标准建立完成。

英国高校已逐渐形成了完整的大学教师发展体系，并且在高校教师发展项目的设计上具有多样化和人性化的特征。多样化体现为实施形式和培训目标的多样性。实施形式上，根据教师发展的不同类型，设有专家讲座、研讨会、教与学论坛等，并为不同职业生涯发展时期的教师提供大量的发展项目，使教师个人及高校都得到长足发展。培训目标上，不仅有教学技能专业培训、教师职业规划培训，还有与学术相关的培训等。由于坚持终身教育理念，因此这些项目面向所有高校教师，形成系统化、多样化的教师发展培训课程。英国高校在人文关怀上体现得特别明显，大部分高校设一名协调员作为专业发展团队和教师之间的联络人。英国政府部门及机构将在职教师激励的重点放在教学方面，如教学质量进步奖、教学与学习发展基金等，保证了基金与奖励机制能够有效促进在职教师专业发展。②

---

① 玛格雷特·比洛-施拉姆，刘杰，秦琳. 德国大学教师发展：培训与继续教育 [J]. 北京大学教育评论，2014，12（2）：2-12，189；沈国琴. 德国柏林高校的教师教学研究——柏林高校教学研究中心的经验及启示 [J]. 比较教育研究，2016，38（7）：85-90.

② 戴少娟，许明. 英国大学教师专业发展标准述评 [J]. 福建师范大学学报（哲学社会科学版），2014（5）：146-153.

④日本高校教师在职培训。

"二战"后，日本效仿英美等国家先进的教师发展制度，成立了"教育审议会"，以改革当时落后的师范教育。1949 年日本颁布的《教师许可证法》和《教育公务员特例法》明确规定：教师属于公务员群体，其中国立学校教师属于国家公务员，公立学校教师则属于地方公务员，并且提出"为了完成教师自身的职责，教师要不断努力研究和进修，以达到一定的水平"。这是日本教师这一职业进入专业化的标志，也为今后新教师的研修制度奠定了基石。1971 年发布的《关于今后学校教育的综合扩展与调整的基本措施》强调教师这一工作的专业化。20 世纪 70 年代之后，日本教师发展领域颁布了诸多政策，教师教育在改革中不断成长。1998 年，日本大学委员会将高校教师发展列为教育改革的重要内容之一。2004 年，日本中央教育审议会将教师发展制度列入评价指南。

（2）我国高校教师在职培训。

①我国普通高校教师在职培训。

当前，我国普通高校主要有四种类型的教师在职培训机构：

第一种是在新教师入职培训中承担国家整体规划和实施作用的高校师资培训中心体系，教育部及各省级教育行政部门经费支持的国内访问学者项目、高级研修班项目、培训者培训项目及某些特定重要主题的培训项目通常由他们主导。他们具有较强的政治性和政策性，在业务上直接受教育部及各省级教育行政部门领导，对国家政策和发展趋势有较深入的理解和认识，承担国家级和省级教育行政部门的培训任务。

第二种是高校教师发展的校内组织。2011 年 7 月，教育部、财政部在颁发的《教育部　财政部关于"十二五"期间实施"高等学校本科教学质量与教学改革工程"的意见》中，将"教师教学能力提升"作为五大建设内容之一，指出要引导高等学校建立适合本校特色的教师教学发展中心，积极开展教师培训、教学改革、研究交流、质量评估和咨询服务等各项工作，提高本校中青年教师教学能力，满足教师个性化专业化发展和人才培养特色的需要。2012 年，教育部高教司颁布了《关于启动国家级教师教学发展示范中心建设工作的通知》，指出教育部将在中央部委所属高等学校中重点支持建设 30 个国家级教师教学发展示范中心，并于同年公布了拟入选的 30 个"十二五"国家级教师教学发展示范中心名单。在国家政策推动下，各省级教育行政部门及高等学校纷纷组建具有本省、本校特色的教师发展机构，形成了一套关注教学能力发展和教学质量提升的"省—校"两级高校教师在职培训体系。由于高校教师相对松散的组织结构，校级教师教学发展中心根据各校学科专业发展需求开展的小型的、简短的、专业化程度较高的午餐会、研讨会、工作坊日趋活跃，逐渐成为当前我国高校教师在职培训的主要力量。他们具有较强的灵活性和前瞻性，是高校教师在职校本培训的重要抓手。

第三种是高校教师网络培训中心。网培中心主要利用数字化和网络化技术，通过遍布各省市的全国高校教师网络培训省级分中心和城市分中心，开展教师培训工作。目前全国共建成 55 个网络培训分中心，由全国高校教师网络培训中心统一组织、指导和协调全国高校教师网络培训省级分中心和城市分中心的教师培训和其他社会培训工作，承担教育部"精品课程师资培训项目"和教育部、财政部"高校教师网络培训系统项目"等工作。

第四种是各种基金和奖励计划支持机构。他们是非政府组织的非营利机构，通过基金委员会提供经费支持高端教师人才培养。如国家留学基金委资助的出国（境）访问学者项目、中美教育交流福布莱特计划、洪堡学者计划等。

整体来讲，我国高校教师的在职培训相比高职教师和中小学教师来讲相对松散。虽然各高校也会针对教师的实际情况进行一些培训，但是没有形成系统的培训制度，这在一定程度上制约了高校教师专业发展水平的持续提高，尤其是高等教育不发达省份和实力较弱的地方高校，教师的视野和教学、科研水平也会受到一定限制。从国家层面来讲，在职培训项目也可以考虑进行系统的计划和安排，设计不同层次和类型的培训项目，着重对高等教育不发达省份和地方高校教师进行有针对性和实效性的在职培训。

②我国高职教师在职培训。

我国高职教师的培训目标是让教师成为优秀的"双师型"人才。"双师型"教师，即既有理论知识，又有实践能力的教师。培养的教师应该拥有较高的文化水平和专业理论水平，并熟练掌握实践教学能力，将专业实践技能与生产实践相结合。2021 年的全国职业教育大会、教育部 2019 年发布的《国家职业教育改革实施方案》及《高等职业教育创新发展行动计划（2015—2018年）》均把高职教师在职培训放在教师队伍建设和高职教育改革发展的重要位置。各地落实会议精神和政策文件要求，将职业院校教师和管理骨干培训纳入省、市培训计划统筹实施，建立了分层次、多形式的培训体系，既有通识类教育教学和科研实践主题的培训，也有立足学科专业的"双师型"教师培训、专业带头人培训、中高职衔接培训、1+X 证书培训以及企业实践培训，还有面向高端教师人才培养的工匠技能传承人培训、名师工作室培训、专家带头人培训，等等。

《高等职业教育创新发展行动计划（2015—2018 年）》要求通过校企合作，促进教师实践能力与理论知识的提升。我国 27 个省份共投入 1.5 亿元建设了 660 个"双师型"教师培训基地，其中学校自建 161 个、校企合作建设 481 个、校校合作建设 18 个，呈现以校企合作建设为主的格局。各基地依托优质企业资源，促进了高职教师和企业人员双向交流合作，有效提升了教师的"双师型"素质。①

二、从教师专业发展结构的角度

对高校教师专业发展结构的研究，早期主要指提高教师的专业领域水平，之后发展为提高教师的教学能力。在此基础上，又针对个人职业发展、组织发展、教师人际交往技能、教师对生活的理解等展开了研究。伯奎斯特、菲利普斯在 1975 年出版了《高校教师发展手册》，根据教师发展项目所关注的不同重点，将教师发展分为教学发展、组织发展和个人发展。② 教学发展关注重点围绕教学和课程，目的是提高教学质量，常常以教学评价、教学诊断、传统的教学方法培训、新教学方法与技能培训、课程设计等形式开展活动；组织发展目的在于改善教师工作环境，常常以团队培养、决策、问题解决、冲突管理和管理培训等形式开展活动；个人发展关注教师个体，目的在于促进教师成长，常常以生活与职业规划、个人成长、人际交往技能训练、治疗性和支持性的咨询以及教学讨论等形式开展活动。

教师专业发展结构既包括知识和技能的发展，也包括自我理解和生态的改变；既包括教师在教学技能、目标意识方面的发展，也包括与同事合作等方面

---

① 石伟平，李鹏．中国职业教育发展报告（2018—2019）［M］．上海：华东师范大学出版社，2021.

② ［美］伯顿·R. 克拉克. 高等教育系统——学术组织的跨国研究［M］．王承绪，等译．杭州：浙江大学出版社，1994.

的发展。① 从教师社会化角度来看，教师专业发展既包括知识发展、技能提升等技术性方面的发展，也包括道德、政治及情感等方面的考虑。② 从教师态度和功能的角度来看，教师态度上的发展主要包括智识性和动机性的发展，功能上的发展主要包括程序性和生产性的发展。③ 以创造性来推动高校教师专业发展，是对教师专业发展内容的扩充，让教师自身的发展与教育机构的发展相互促进和相互帮助。④ 此外，教师专业发展必须将道德的发展一并纳入指标体系。⑤

　　国内学者通过实验研究，建立了教师素质结构理论，探讨了教师知识、观念和监控能力等的形成过程及相应的结构。⑥ 研究发现，教师专业发展是由不成熟到相对成熟的发展。发展是绝对的发展，成熟却是相对的。教师专业发展既包括教师的教育理念、专业知识和职业能力等维度的提高，还包括专业道德、专业精神、工作态度、自我发展意识和情感等维度的发展。⑦ 以上几个方面缺一不可，而教育理念在三个层面中起统领作用。此外，随着大数据技术的发展，有研究者提出，教师专业发展要具备基本的大数据概念，对未来有预测，要有个性化培养和自主研发的意识，要逐步培养和锻炼教师具备数据分析和判断、精确规划和思考的能力，具备开展个性化教学和运用信息技术的能力，并能运用现代教育技术从传统的教学方法中脱离出来，由灌输者变为引导

---

① Fullan M, Hargreaves A. Understanding Teacher Development [J]. New York：Teachers College Press, 1992：243.

② Hargreaves A. Development and Desire：A Postmodern Perspective [J]. Activism, 1994：51.

③ Linda Evans. What is Teacher Development? [J]. Oxford Review of Education, 2002, 28（1）：123-137.

④ Paul Blackmore, Andrew Wilson. Caroline Leadership in Staff Development：A Role Analysis [J]. Research in Post-Compulsory Education, 2005（2）：149-164.

⑤ Chris de Winter Hebron. Ethical Staff Development：A Report [J]. Journal of Further and Higher Education, 1984, 8（1）：68-74.

⑥ 林崇德，申继亮，辛涛. 教师素质的构成及其培养途径 [J]. 中国教育学刊, 1996（6）：16-20.

⑦ 唐玉光. 教师专业发展的研究 [J]. 全球教育展望, 1999（6）：39-43；叶澜，等. 教师角色与教师发展新探 [M]. 北京：教育科学出版社, 2001：199-345；宋广文，魏淑华. 论教师专业发展 [J]. 教育研究, 2005（7）：71-74；李瑾瑜. 新课程与教师专业发展 [M]. 北京：首都师范大学出版社, 2003：261.

者,最后成为学习兴趣的激发者。在大数据时代,讨论教师的专业发展可以通过思维的转换、专业知识的增强以及对数据的分析、转变职业理念和创新学科教学模式、开展个性化教学等途径实现。① 影响教师个体成长的因素构成教师专业发展的动力系统,具体包括教师的需要、工作动机、工作态度等。② 潘懋元先生在定义教师专业发展的同时,也确立了教师专业发展能力结构的三个方面,具体包括教师学术水平的提升、职业知识和技能的增强、师德的发展等。③ 因此,高校教师发展要优先考虑伦理道德的发展,然后再考虑教师的专业和地位发展等。④

三、从教师专业发展项目及评估的角度

1. 教师专业发展项目

高校教师专业发展项目致力于满足各类教师的专业发展需求,使其获得并提升教学、科研和社会服务等能力,推进教师的专业发展、教学发展、组织发展、个人发展。

国外高校教师专业发展项目大致分为六个阶段。20 世纪 50 年代中期到 60 年代,高校教师专业发展聚焦学术能力的培养,教师专业发展项目重点关注帮助教师夯实其学科的专业理念和知识。20 世纪 70 年代到 80 年代,高校教师专业发展关注教学发展,尤其是教学技能开发研究与具体实践,以及教学发展和评估项目的设计。20 世纪 90 年代到 21 世纪初,教师需求更加多样化,高校开展多元化教学,教师专业发展项目的作用日益突出。21 世纪初,网络化学习是新时代高等教育的鲜明特征,现代化教育技术深入高校教学实践,高校教师专业发展随之转型。如今,智能信息技术和多媒体技术的发展唤起整个高等教育界对教学模式的冷思考,教育逐步走出工业文明,进入数字化时代。

1975 年,伯格威斯特和菲利普斯提出高校教师专业发展是由教学发展、组织发展和个人发展组成的模型,教师发展是从态度、过程、结构三个层面展

---

① 许芳杰. 数据智慧:大数据时代教师专业发展新路向 [J]. 中国电化教育, 2016, 357 (10):18-23.

② 傅道春. 教师的成长与发展 [M]. 北京:教育科学出版社, 2003:139-162.

③ 潘懋元, 罗丹. 高校教师发展简论 [J]. 中国大学教学, 2007 (1):5-8.

④ 李志峰, 高慧. 高校教师发展:本体论反思与实践逻辑 [J]. 大学教育科学, 2013 (4):66-71.

开的，缺一不可。① 此外，按照高校教师专业发展是满足教师个体需求还是群体需求，教师专业发展项目可分为自我主动式、同行协作式、大学指引式、社会政策调节式。教师个体发展与教师群体发展密切相关，高校教师专业发展从个体出发，教师自我主动式发展是其他三类发展的根本动力。同样地，教师自我主动式发展也需要其他三类教师专业发展项目作为重要补充，以此形成了自我—同行—大学—社会这四个层级你中有我、我中有你的教师专业发展项目全貌。同时，根据高校教师角色定位的不同，高校教师专业发展项目可分为关注教学者项目、关注职业规划和学术能力的项目及关注教师个人生活项目，满足不同角色定位教师的需求。纵使高校教师专业发展项目有多种分类方式，其均以达成促进教师专业发展、教学发展、个人发展、组织发展为根本指向。

当前我国高校教师专业发展项目投入巨大，发展迅猛，然而实施过程中存在着仅服务于新教师群体，未全面覆盖学校教学者群体，且教师专业发展项目的实施效果未能得到及时监控等实质性问题，需进一步完善。

2. 教师专业发展项目评估

从国外来看，各国教师专业发展项目评估缘起较早，且各有特色。美国提出以参训学员为主要观测点的教师专业发展项目评估。1900 年美国学校便将对教师进行考核作为测定教师专业发展项目是否有效的方式和手段；2001 年，教师专业发展项目效果评估进一步引导了美国相关机构对教师教育标准的探讨，美国全国教师教育资格认定委员会（NCATE）提出基于绩效的教师教育项目评估方法；随着实践的深入，教师专业发展项目评估理论更加丰富，关涉到教师自身变化的同时，重视学生所受影响、学校的变化等因素。英国提出以督导评估为特点的教师专业发展项目实施效果评估模式。1983 年英国《教学质量》白皮书提出了教师专业发展项目效果评估改革构想，1984 年师资培训委员会提出教师专业发展项目评价的九项指标，1994 年成立教师培训署，管理培训课程和相关支出。此外，韩国、印度尼西亚、马来西亚等国家采用多元化的教师专业发展项目评估方式，将培训后即进行的传统测试与后续跟踪调查相结合。

从国内来看，可以将研究分为经验学习派、理论初探派和模型应用派三个

① Bergquist W. H., S. R. Phillips. Components of an Effective Faculty Development Program [J]. The Journal of Higher Education, 1975, 46 (2)：177-211.

不同的研究方向。经验学习派关注国外成熟经验的引进和借鉴，理论初探派的学者注重研究相关的评估理论，结合我国的教师专业发展项目评估实践提出建设性建议并尝试建立指标体系。模型应用派在前两个派别的基础上更进一步，在构建相关评估模型的同时付诸实践，然而目前关于教师专业发展项目实施效果评估模型的研究比较少。

教师专业发展项目可以从内容和过程两个维度进行评估。内容评估模型主要关注评估的层次和结构，包括 CIPP 模型、CIRO 模型、柯式模型、考夫曼五级评估模型、ROI 模型、TVS 模型等，科学的内容是教师专业发展项目得以顺利进行的根本，因此基于内容的评估可以保障评估的合理性和全面性。过程评估模型关注项目过程的程序和规范，主要包括泰勒模型、莱斯利·瑞评估模型、斯旺森培训效果评估系统流程、CSE 评估模型等，完善的培训流程是推进教师专业发展项目实施的骨架，保证项目过程的系统化、条理化和项目效果的科学性、有效性。

整体来看，高校教师专业发展项目实施效果评估模型研究存在实践多、研究少，经验多、理论少，引用多、创新少的问题，急需相关模型构建与应用的实证研究。

第三节　高校青年教师专业发展的重要意义

随着近年来我国高等教育的快速发展，高校教师队伍得到迅速壮大，青年教师的数量快速增加并成为主要力量。高校青年教师作为高校教师队伍的生力军，既承载着接续奋斗、载梦前行的使命，也肩负着开源活水、立德树人的担当。在实现中华民族伟大复兴的接力跑中，高校青年教师应认清使命、强化责任、砥砺自强、勇担重任、拼搏奋斗。加强高校青年教师队伍建设，必须高度重视青年教师专业发展能力建设，因为教师专业发展是一个动态的连续的过程，教师能力和素质的培养绝非一朝一夕就能实现。引导高校青年教师全面发展、协调发展、可持续发展，不断提高青年教师专业发展质量，对于建设一支专业化高素质创新型高校教师队伍，全面提高我国高等教育质量，实现"两个百年"奋斗目标和中华民族伟大复兴中国梦等具有重要意义。

一是促进高校青年教师专业发展，是应对百年未有之大变局，落实立德树人根本任务的紧迫要求。党的十九大以来，习近平总书记多次指出，"当今世界正经历百年未有之大变局"。这是我们党立足中华民族伟大复兴战略全局，科学认识全球发展大势，深刻洞察世界格局变化而作出的重大判断，对于指导我们开启全面建设社会主义现代化国家新征程、夺取新时代中国特色社会主义新胜利，具有重大而深远的意义。当前，世界多极化发展的格局更加明显，不同思想文化的交锋更为复杂，经济全球化背景下的人才争夺更趋激烈，国内外形势正在发生深刻复杂的变化，来自各方面的风险挑战明显增多，在这种时代背景下，党和国家对高素质高等教育人才培养的要求更加紧迫。2021 年 4 月19 日，习近平总书记在清华大学考察时指出："党和国家事业发展对高等教育的需要，对科学知识和优秀人才的需要，比以往任何时候都更加迫切。"[1] 习近平总书记还指出："大学是立德树人、培养人才的地方，是青年人学习知识、增长才干、放飞梦想的地方。"[2] 立德树人，是中国特色社会主义高校办学治校的本质要求与价值诉求，是新时代高等教育现代化发展的生命和灵魂。因此，立德树人的工作和成效是检验学校一切工作的根本标准。

二十大报告强调，育人的根本在于立德，全面贯彻党的教育方针，落实立德树人根本任务，培养德智体美劳全面发展的社会主义建设者和接班人。党为何将立德树人放在如此重要的位置，因为这绝不仅仅是培养专业技能的问题，而是关系到培养什么人、怎样培养人、为谁培养人的关键问题，关系到为党和国家未来事业培养合格建设者和接班人的核心问题。因此，建设一支政治素质过硬、业务能力精湛、育人水平高超的高素质专业化创新型高校教师队伍，归根到底就是为了培养一代代矢志爱国奉献、担当民族复兴大任的时代新人。

高校青年教师要积极响应党和国家号召，保持政治定力、提高政治站位、厚植家国情怀、坚定社会主义办学方向，围绕立德树人这一根本任务，凝聚立德树人共识、提高立德树人本领，全面提高业务能力和综合素质，进一步适应高等教育改革发展要求。

二是促进高校青年教师专业发展，是发挥大学职能，建设高质量教育体系的现实要求。高等教育是国民教育的重要组成部分，高校肩负着人才培养、科

---

① 习近平在清华大学考察时强调 坚持中国特色世界一流大学建设目标方向 为服务国家富强民族复兴人民幸福贡献力量 [EB/OL].（2021-04-19）[2022-01-01]. http://jhsjk. people. cn/article/32082047.

② 习近平在北京大学师生座谈会上的讲话 [EB/OL].（2018-05-03）[2022-01-01]. http://jhsjk. people. cn/article/29961631.

学研究、社会服务、文化传承创新和国际交流合作的重要职能。高校五大职能的实现，主要依靠教师队伍的付出和奉献。基于这一认识，作为高校教师队伍的重要组成，高校青年教师专业发展能力建设显得尤为重要。高校青年教师的能力和素质如何，不仅关乎大学职能是否能够有效实现，更关乎我国高等教育质量建设成败，关乎我国高质量教育体系建设成败。作为党中央、国务院作出的重大战略决策，建设一流大学和一流学科，成为党的十八大以来我国高等教育最重要的目标和任务之一。

二十大报告指出，加强基础学科、新兴学科、交叉学科建设，加快建设中国特色、世界一流的大学和优势学科。进入新时代，我国高等教育与祖国共进、与时代同行，创造了举世瞩目的发展成就，办学规模、培养质量、服务能力实现历史性跃升，中国高等教育进入世界高等教育第一方阵。但是，我们也要看到，当今世界高等教育竞争态势正在发生深刻变化，中国高校的总体评价与美国、英国、加拿大等发达国家相比仍有一定差距，特别是在基础学科研究、学科前沿创新、拔尖人才培养等方面还要付出更多努力，建设一批真正的世界一流大学，需要广大高校教师尤其是青年教师发挥聪明才智，扎根中国大地奋发有为、奋勇争先。目前我国已进入全面建设社会主义现代化国家、向第二个百年奋斗目标进军的新发展阶段。党的十九届五中全会通过的《中共中央关于制定国民经济和社会发展第十四个五年规划和二〇三五年远景目标的建议》，明确了"建设高质量教育体系"的政策导向和重点要求。建设高质量教育体系是构建新发展格局的基础环节，也是锚定2035年远景目标的关键举措，高校青年教师要充分领会"把握新发展阶段、贯彻新发展理念、构建新发展格局"这一要求，紧紧围绕建设高质量教育体系的目标要求和重点任务，不断提高发展质量和综合素质，始终坚守人才培养的政治方向，始终坚守科学研究的学术取向，始终坚守社会服务的价值导向，始终坚守文化传承创新的文化自信，始终坚守国际交流合作的中国立场，以实际行动推进我国高等教育质量建设，支持我国高质量教育体系建设。

三是促进高校青年教师专业发展，是贯彻落实党和国家有关决策部署，加快建设高素质专业化创新型高校教师队伍建设的明确要求。党的十八大以来，党中央、国务院把加强高校青年教师队伍建设作为高校教师队伍建设的重中之重，着力提升教师素质，优化队伍结构，健全管理制度，努力造就一支师德高尚、业务精湛、结构合理、充满活力的高素质专业化青年教师队伍，对推动高等教育事业发展发挥了重要作用。近年来，围绕加强和改进高校教师队伍建设，国家连续出台政策性文件，其中对如何做好高校教师专业发展工作提出明确要求。2016 年 8 月，在《教育部关于深化高校教师考核评价制度改革的指导意见》中明确提出"将教师专业发展纳入考核评价体系……根据学校实际情况细化对教师专业发展的具体要求"等；2018 年 1 月，在《中共中央 国务院关于全面深化新时代教师队伍建设改革的意见》中明确提出"全面开展高等学校教师教学能力提升培训，重点面向新入职教师和青年教师，为高等学校培养人才培育生力军"等；2021 年 1 月，在《关于加强新时代高校教师队伍建设改革的指导意见》（党的十八大以来第一个全面系统部署高校教师队伍建设的文件）中明确提出"高校要健全教师发展体系，完善教师发展培训制度、保障制度、激励制度和督导制度，营造有利于教师可持续发展的良性环境"等。由此可见，做好高校青年教师专业发展工作，是贯彻落实党和国家关于教师队伍建设决策部署的明确要求，是建设高素质专业化创新型高校教师队伍的重要内容，各地各校要按照党和国家的战略部署，把促进青年教师专业发展摆在更加突出位置，列为重要议事日程。

习近平总书记关心关注教师成长，就加强教师队伍建设提出明确要求，对高校青年教师成长发展具有重要的导向作用。2013 年 9 月 9 日，习近平总书记在向全国广大教师的慰问信中提出"三个牢固树立"要求，即"牢固树立中国特色社会主义理想信念、牢固树立终身学习理念、牢固树立改革创新意识"；① 2014 年 9 月 9 日，习近平总书记视察北京师范大学时提出"四有好教师"要求，即"有理想信念、有道德情操、有扎实学识、有仁爱之心"；② 2016 年 12 月，习近平总书记在全国高校思想政治工作会议上对教师师德师风建设提出"四个相统一要求"，即"坚持教书和育人相统一，坚持言传和身教相统一，坚持潜心问道和关注社会相统一，坚持学术自由和学术规范相统一"；③ 2016 年 9 月 9 日，习近平总书记在北京市八一学校考察时提出"四个

---

① 习近平向全国广大教师致慰问信［EB/OL］.（2013-09-09）［2022-01-01］. http：//jhsjk. people. cn/article/22860213.

② 习近平在北京师范大学考察 号召全国广大教师做党和人民满意的好老师［EB/OL］.（2014-09-10）［2022-01-01］. http：//jhsjk. people. cn/article/25629944.

③ 习近平：把思想政治工作贯穿教育教学全过程 开创我国高等教育事业发展新局面［EB/OL］.（2016-12-09）［2022-01-01］. http：//jhsjk. people. cn/article/28936173.

引路人"要求，即"要做学生锤炼品格的引路人，做学生学习知识的引路人，做学生创新思维的引路人，做学生奉献祖国的引路人";① 2019 年 3 月 18 日，习近平总书记在学校思想政治理论课教师座谈会上提出了对思政课教师的"六要"新要求，即"政治要强、情怀要深、思维要新、视野要广、自律要严、人格要正"。②

高校青年教师在专业发展能力提升过程中，要始终牢记习近平总书记的重要指示精神，自觉贯彻落实新时代党的教育方针，深刻把握新时代高等教育改革发展的新方位、新征程、新使命，增强责任感和使命感，在教书育人岗位"经风雨、见世面、壮筋骨、长才干、挑大梁"，以高素质的教师队伍支撑新时代高校内涵式高质量发展。

四是促进高校青年教师专业发展，是应对技术革命，推动教师素质和能力适应时代发展的客观要求。当前，正在崛起的中国向着实现中华民族伟大复兴中国梦的目标昂首迈进。新一轮科技革命和产业变革的兴起，重大颠覆性技术的出现，深刻改变着人类的思维方式、学习方式和发展方式，给教师的素质能力带来全新挑战。③ 经济全球化与信息技术革命相结合，给世界经济带来了诸多深刻的变化，从中国制造 2025 到德国工业 4.0，全球范围内产业升级的背后，是对技术创新的追求，是对高素质人才的追求，是对产业链与人才链的追求。高校作为科技创新高地和人才培养重地，教师的素质和能力在应对技术革命、服务产业升级的过程中显得尤为重要，需要教师群体中的青年一代传承使命、接续奋斗。高校青年教师要关注产业发展前沿、重视科研成果转化，通过关注新产品、新技术、新趋势，努力实现人才培养与行业发展相适应、科学研究与产业发展相融合，适应我国新型工业化、信息化、城镇化和农业现代化的"新四化"要求。青年教师要加强基础研究、重视原始技术创新，面向涉及国计民生的战略性新兴产业，在重大项目联合攻关、破解"卡脖子"关键技术等方面迈出坚实步伐，进而推动国民经济高质量发展、推动国家政治经济安全

---

① 习近平：全面贯彻落实党的教育方针 努力把我国基础教育越办越好 [EB/OL].(2016-09-09) [2022-01-01]. http：//jhsjk. people. cn/article/28705338.

② 习近平：用新时代中国特色社会主义思想铸魂育人 贯彻党的教育方针落实立德树人根本任务 [EB/OL].(2019-03-19) [2022-01-01]. http：//jhsjk. people. cn/article/30982234.

③ 陈宝生. 弘扬尊师重教好风尚 踏实强师筑梦新步伐 [N]. 光明日报, 2019-09-09(1).

具有可靠保障。

　　另外，伴随以 VR、AR、MR、AI 教育技术等为代表的新一代教育技术的兴起，高校的教学组织行为、教学应用场景、教学资源建设等也出现了新的变化，对高校教师提升教学信息化能力提出了更高要求。高校青年教师作为高校教师群体中思想最为活跃，最容易接受新鲜事物的群体，要主动拥抱新技术，提高教育教学能力，优化育人效果。要对标《中国教育现代化 2035》《教育信息化 2.0 行动计划》等政策要求，深化对教育信息化的认知，深刻领会教育信息化的趋势和要求，转变教学思维积极开展信息化教学探索、实践与研究；要利用数字技术改进教育教学方式，引导学生习惯利用数字学习方式，特别是在疫情防控常态化形势下，积极探索人工智能教学、虚拟现实教学、全息互动教学等新技术新手段，推进线上线下混合式教学改革，拓展学生学习空间，完善学习条件保障，推动教学生态呈现新局面取得新效果；要基于智慧校园建设的要求，积极探索教学信息化平台管理与应用，更加重视学生学习数据的分析和运用，更加重视数字化教学资源的开发与建设，不断推动信息技术与教育教学的深度融合。

第二章　高校青年教师专业发展政策支持

第一节　高校青年教师专业发展政策的历史沿革

中华人民共和国成立以来，党和政府始终高度重视教师队伍建设工作，为快速建立适应高等教育事业发展需要的教师队伍，从政策体系、发展规划、人才培养等基础性工作入手，推动高校教师队伍建设实现了跨越式迈进和高质量发展，为实现国家富强、民族振兴、人民幸福的宏伟蓝图起到了重要支持保障作用。根据国家重大方针政策、重大战略举措和重大改革项目等相关重要论述，结合我国高等教育的发展，可将中华人民共和国成立以来的高校青年教师专业发展历程分为三个阶段：书写新篇章阶段（1949—1978 年）、进入新时期阶段（1978—2012 年）、开启新时代阶段（2012 年至今）。

一、书写新篇章（1949—1978 年）

中华人民共和国成立后，百废待兴。在高教领域，我党接管和改造了原有的各类高校，调整了院系专业结构和布局，建立了集中统一的管理体制。① 以此为起点，我国高校教师队伍建设开启了新篇章。总体来说，这一时期，国家在教师队伍建设方面突出思想政治素质和业务素质双维度，重点是强调思想政治素质，业务素质则分散到与教师职业发展相关的诸多领域。青年教师队伍建设逐步受到关注。

1.《中国人民政治协商会议共同纲领》（**1949 年 9 月通过**）

《中国人民政治协商会议共同纲领》第 47 条明确，有计划有步骤地实行

---

① 肖立勋，韩姗杉，康秀云．70 年来高校师德规范的回顾和前瞻［J］．江苏高教，2019（11）：6-10.

普及教育，加强中等教育和高等教育，注重技术教育，加强劳动者的业余教育和在职干部教育，给青年知识分子和旧知识分子以革命的政治教育，以适应革命工作和国家建设工作的广泛需要。

2.《关于推选优秀教师的几点意见的通知》（国家教委 1955 年印发）

通过推选优秀教师，为教师的专业发展提供导向。其中关于优秀教师的标准是：（1）历史清楚，无重大劣迹，思想进步，能认真改造思想。（2）能贯彻全面发展的教育方针，或在钻研教材与改进教法上有显著成绩，或在教学工作中有突出成绩，创造发明。（3）集体互助，群众关系好，爱护学生。

3.《关于高等学校教师职务名称及其确定与提升办法的暂行规定》（国务院 1960 年 2 月印发）

本规定制定的目的在于充分发挥高等学校教师为社会主义教育事业服务的积极性和创造性，培养他们成为又红又专的教师和更好地安排他们的工作。

该文件明确规定：高等学校教师必须接受共产党的领导，拥护社会主义制度和社会主义总路线，全心全意为人民服务；贯彻执行党的教育方针，努力做好教学、生产劳动、科学研究和思想政治教育工作；历史清楚，思想作风好。努力学习马克思列宁主义和毛泽东著作，不断地提高马克思列宁主义的理论水平，积极参加劳动锻炼，自觉地进行思想改造，不断地提高思想政治觉悟和共产主义道德品质的修养。同时，把高等学校教师职务依其水平高下依次分为教授、副教授、讲师和助教等 4 级，明确了各级教师职称确定与提升的具体条件及其审批办法和程序等事宜，强调要以思想政治条件、学术水平和业务能力作为确定与提升教师职务名称的主要依据。

4.《教育部直属高等学校暂行工作条例（草案）》（中共中央 1961 年 9 月批准）

该条例（草案）分为总则、教学工作、生产劳动、研究生培养工作、科学研究工作、教师和学生、物质设备和生活管理、思想政治工作、领导制度和行政组织、党的组织和党的工作 10 章，简称"高教六十条"。其中，第 29 条明确规定，高等学校教师的根本任务，就是认真教好学生，完成教学任务。为此，教师应该努力学习马克思列宁主义、毛泽东著作，自觉地进行思想的自我改造，认真钻研业务，不断提高自己的思想政治水平和业务水平。必须有计划地培养和提高青年教师。对那些有特殊才能的、做出较大成绩的讲师和助教，采取重点培养的办法，为他们创造各种条件，帮助他们迅速成长。

该条例（草案）最初在 26 所部属高等学校试行。1962 年 3 月后，开始在全国高等学校中试行。1963 年初，扩展到 220 所高等学校。"文革"开始后，试行工作被迫停止。1978 年修订为《全国重点高等学校暂行工作条例（试行草案）》（〔78〕教高字 948 号），仍为 10 章 60 条。

二、进入新时期（1978—2012 年）

改革开放以来，随着教育事业的蓬勃发展，教师作为一种相对独立的职业得到充分发展。党和政府相继推出一系列教师队伍建设的重大方针政策和工作举措，推进教师队伍建设和管理持续深化改革，教师队伍建设逐步走向规范化、法制化和标准化。尤其是进入 21 世纪，随着高等教育从"精英化"教育走向"大众化"教育，适应高校教师队伍数量激增和社会对高等教育质量的新需求，国家对教师队伍建设的政策导向更加全面系统。与此同时，青年教师比例大幅度提高，教师队伍结构发生重大变化，教师队伍建设呈现更多体现青年教师特点的针对性举措。对教师专业发展的考核要求日渐丰富，由原来相对简单线条化的德、勤、绩、能四个维度逐渐发展成为师德师风、教育教学、科学研究和社会服务等更加贴近教师实际的多元化网格化的评价体系。

1.《关于高等学校教师职责及考核的暂行规定》（国家教委 1979 年 11 月印发）

该文件明确规定，对教师主要考核政治表现、业务水平和工作成绩。政治表现上，主要看教师的思想政治表现，道德品质和工作态度。业务水平上，主要看教师的教学、科学研究工作的业务水平和创新精神及其能力。工作成绩上，主要看在教学、科学研究等各项工作中的贡献。从中可以看出，从改革开放伊始，对高校教师的专业发展要求已经包含了思想政治、教学、科学研究等综合素养。

2.《高等学校教师职务试行条例》（中央职称改革工作领导小组 1986 年 3 月转发国家教委文件）

该文件明确高等学校教师应拥护中国共产党的领导，热爱社会主义祖国，努力学习马克思主义和党的路线、方针、政策，有良好的职业道德，遵守法纪，能为人师表，教书育人，能全面地、熟练地履行职务职责，积极承担工作任务，学风端正。

3.《中华人民共和国教师法》（1993 年 10 月第八届全国人大常委会第四次会议通过）

该法是中华人民共和国成立后第一部针对教师的专门法，是教师队伍建设走上法制化道路的重要里程碑。该法第 1 条就明确，建设具有良好思想品德修养和业务素质的教师队伍；第 22 条明确，学校或者其他教育机构应当对教师的政治思想、业务水平、工作态度和工作成绩进行考核；第 33 条明确，教师在教育教学、培养人才、科学研究、教学改革、学校建设、社会服务、勤工俭学等方面成绩优异的，由所在学校予以表彰、奖励。从中，可以看出，教师的专业发展涵盖思想品德、教育教学、科学研究、社会服务等方方面面内容，受到法律保障。该法还对教师的思想品德划定了红线，明确了处理办法："教师有下列情形之一的，由所在学校、其他教育机构或者教育行政部门给予行政处分或解聘。（1）故意不完成教育教学任务给教育教学工作完成损失的；（2）体罚学生，经教育不改的；（3）品行不良、侮辱学生，影响恶劣的。"

4.《高等学校教师培训工作规程》（1996 年 4 月国家教委公布）

该规程明确高等学校教师培训工作要贯彻思想政治素质和业务水平并重，理论与实践统一，按需培训、学用一致、注意实效的方针。高等学校教师思想政治素质的培训要坚持党的基本路线、教育方针和教师职业道德教育，使教师自觉履行教师法规定的义务，做到敬业奉公，教书育人，为人师表。高等学校教师业务素质的培训要以提高教师的基础知识和专业知识为主，全面提高教师的教育教学水平和科学研究能力，提高应用计算机、外语和现代化教育技术等技能的能力。

5.《中华人民共和国高等教育法》（1998 年 8 月第九届全国人大常委会第四次会议通过）

该法第 46 条明确，高等学校实行教师资格制度。中国公民凡遵守宪法和法律，热爱教育事业，具有良好的思想品德，具备研究生或者大学本科毕业学历，有相应的教育教学能力，经认定合格，可以取得高等学校教师资格。第 51 条明确，高等学校应当对教师、管理人员和教学辅助人员及其他专业技术人员的思想政治表现、职业道德、业务水平和工作实绩进行考核，考核结果作为聘任或者解聘、晋升、奖励或者处分的依据。

6.《关于新时期加强高等学校教师队伍建设的意见》（教育部 1999 年 8 月印发）

该文件强调，教师要热爱党、热爱社会主义祖国，忠诚于人民的教育事业，遵守教师职业道德规范，增强职业责任感，不断提高思想政治素质和业务素质，教书育人，为人师表。在提到教师建设目标时，将"培养数万名优秀年轻骨干教师，承担培养高层次创造性人才任务和国家重点科研项目，他们中的优秀者成为教学、科研成绩卓著的青年学科带头人"作为具体目标之一，并明确设立"高等学校优秀青年教师教学和科研奖励基金"，从 1999 年起每年对百名 35 岁以下、取得重大教学和科研成果、具有创新精神和创新能力的优秀青年教师给予奖励。从之，可以看出，除思想政治和职业道德外，教学、科研、创新精神是青年教师队伍建设的重要内容。

7.《教育部关于深化高等学校人事制度改革的实施意见》（中组部、人事部、教育部 2000 年 6 月印发）

该实施意见明确，继续大力加强教师队伍建设，特别是加强师德、师风建设，努力建设一支适应全面贯彻党的教育方针、适应 21 世纪要求的高素质的教师队伍。学校根据学科建设和教学、科研任务的需要，科学合理地设置教学、科研、管理等各级各类岗位，明确岗位职责、任职条件、权利义务和聘任期限，按照规定程序对各级各类岗位实行公开招聘，平等竞争、择优聘用。

8.《国家中长期教育改革和发展规划纲要（2010—2020 年）》（中共中央、国务院 2010 年 5 月出台）

该纲要明确提出，把教学作为教师考核的首要内容。强调以中青年教师和创新团队为重点，建设高素质的高校教师队伍。大力提高高校教师教学水平、科研创新和社会服务能力。促进跨学科、跨单位合作，形成高水平教学和科研创新团队。创新人事管理和薪酬分配方式，引导教师潜心教学科研，鼓励中青年优秀教师脱颖而出。

9.《国务院关于加强教师队伍建设的意见》（国务院 2012 年 8 月出台）

该意见将形成一支师德高尚、业务精湛、结构合理、充满活力的高素质专业化教师队伍作为总体目标。具体包括，教师队伍整体素质大幅提高，普遍具有良好的职业道德素养、先进的教育理念、扎实的专业知识基础和较强的教育教学能力。对于高等学校教师队伍建设，强调要以中青年教师和创新团队为重点，优化中青年教师成长发展、脱颖而出的制度环境，培育跨学科、跨领域的科研与教学相结合的创新团队。

10.《关于加强高等学校青年教师队伍建设的意见》（教育部、中央组织部、中央宣传部、国家发展改革委、财政部、人力资源社会保障部2012年9月印发）

该文件是国家层面首个针对高校青年教师专业发展的专门文件，标志着高校青年教师已经作为一个相对独立的群体受到国家的高度重视，其专业发展被摆到教师队伍建设的重要位置。该文件明确强调要提高青年教师思想政治素质和师德水平，确保青年教师自觉坚持正确的政治方向，践行社会主义核心价值体系，在重大政治问题上立场坚定、旗帜鲜明；同时将教育教学能力、教学科研、社会服务、国际学术交流和合作研究作为青年教师专业发展的重要内容。

这一阶段，国家把教师的师德问题摆到教师专业发展的首位位置，提出"一票否决"的要求。2005年，教育部出台《教育部关于进一步加强和改进师德建设的意见》，首次出台以师德建设为文件名的专门意见，从总体要求、主要任务、主要措施和加强领导等方面对师德建设进行了全方位的规定。2011年，教育部、中国教科文卫体工会全国委员会出台《高等学校教师职业道德规范》，是首部专门针对高校教师制定的职业道德规范，从"爱国守法、敬业爱生、教书育人、严谨治学、服务社会、为人师表"6方面对师德提出具体标准。

三、开启新时代（2012年至今）

2012年党的十八大胜利召开以来，以习近平同志为核心的党中央把教育摆到新的高度，习近平总书记对教育作出一系列重要指示，多次用"百年大计，教育为本"来强调教育的重要性，在2018年的全国教育大会上明确提出教育是国之大计、党之大计的新方略。与此同时，教师作为立教之本、兴教之源，一直得到党中央、国务院的高度重视，教师的专业化发展和职业化进程得到充分推进。此期间，党中央、国务院对教师队伍建设提出一系列全局性、规律性的认识和论断，做出一系列重大决策部署。在高校青年教师队伍建设方面，教师的思想政治建设被重新定位并被赋予新的内涵，同时持续坚持将师德师风、教育教学、科学研究和社会服务等作为教师专业发展的重要内容，并且不断向精细化、纵深化方向发展。

1.《中共中央组织部 中共中央宣传部 中共教育部党组关于加强和改进高校青年教师思想政治工作的若干意见》（中共中央组织部、中共中央宣传部、中共教育部党组 2013 年 5 月印发）

这是党的十八大召开后，出台的首个针对高校青年教师的文件，就是加强和改进高校青年教师思想政治工作，说明新时代的高校青年教师队伍建设，思想政治工作是首要前提。该文件明确，青年教师要努力提高政治理论素养，进一步增强对中国特色社会主义的理论认同、政治认同、情感认同，坚定道路自信、理论自信、制度自信，自觉践行社会主义核心价值体系，坚持正确政治方向。

2.《教育部关于建立健全高校师德建设长效机制的意见》（教育部 2014 年 9 月出台）

该文件针对建立健全高校教师违反师德行为的惩处机制方面，明确划出了对高校教师具有警示教育意义的师德禁行行为"红七条"，对教育教学、科学研究、权钱交易、师生关系等各方面做出底线规定。高校教师不得有下列情形：损害国家利益，损害学生和学校合法权益的行为；在教育教学活动中有违背党的路线方针政策的言行；在科研工作中弄虚作假、抄袭剽窃、篡改侵吞他人学术成果、违规使用科研经费以及滥用学术资源和学术影响；影响正常教育教学工作的兼职兼薪行为；在招生、考试、学生推优、保研等工作中徇私舞弊；索要或收受学生及家长的礼品、礼金、有价证券、支付凭证等财物；对学生实施性骚扰或与学生发生不正当关系；其他违反高校教师职业道德的行为。该文件要求，教师要将师德修养自觉纳入职业生涯规划，明确师德发展目标；通过自主学习，自我改进，将师德规范转化为稳定的内在信念和行为品质；将师德规范积极主动融入教育教学、科学研究和服务社会的实践中，提高师德践行能力；弘扬重内省、重慎独的优良传统，在细微处见师德，在日常中守师德，养成师德自律习惯。

3.《教育部关于深化高校教师考核评价制度改革的指导意见》（教育部 2016 年 8 月印发）

该文件以教师评价为导向，对教师需要发展的能力作出明确要求，提出了以师德为先、教学为要、科研为基、发展为本为基本要求，坚持社会主义办学方向，坚持德才兼备，注重凭能力、实绩和贡献评价教师。在师德考核方面，明确提出将师德考核摆在教师考核的首位，严把选聘考核思想政治素质关。在教育教学方面，明确所有教师都必须承担教育教学工作，加强教学质量评价工作，强化课堂教学纪律考核。在科研评价方面，坚持服务国家需求和注重实际贡献的评价导向，探索建立"代表性成果"评价机制，实行科学合理的分类评价。在社会服务考核方面，综合评价教师参与学科建设、人才培训、科技推广、专家咨询和承担公共学术事务等方面的工作，大力促进教师开展科研成果转化工作。该文件同时将教师专业发展纳入考核评价体系，鼓励教师开展教学改革与研究，加强教学基本功训练和信息技术能力培训等。

4.《关于加强和改进新形势下高校思想政治工作的意见》（中共中央、国务院 2016 年 12 月印发）

该文件明确，要健全教师政治理论学习制度，建立中青年教师社会实践和校外挂职制度，引导教师增强对中国特色社会主义的思想认同、理论认同、情感认同；强化青年教师理想信念教育，加强岗前培训和在职培训，注重老教师的传帮带，增强青年教师教书育人的责任担当。

5.《中共中央　国务院关于全面深化新时代教师队伍建设改革的意见》（中共中央、国务院 2018 年 1 月颁布）

这是中华人民共和国成立以来第一次以党中央名义专门印发加强教师队伍建设的文件，党和政府从全局性战略部署，加强顶层设计，打造教师队伍建设改革高位发展平台，努力建设一支师德高尚、业务精湛、结构合理、充满活力的高素质专业化教师队伍。该文件将提升思想政治素质和加强师德师风建设放在教师队伍建设的首要位置，要求引导广大教师以德立身、以德立学、以德施教、以德育德，坚持教书与育人相统一、言传与身教相统一、潜心问道与关注社会相统一、学术自由与学术规范相统一，争做有理想信念、有道德情操、有扎实学识、有仁爱之心的"四有"好教师，全心全意做学生锤炼品格、学习知识、创新思维、奉献祖国的引路人。明确提出要全面提高高等学校教师质量，建设一支高素质创新型的教师队伍。

6.《教师教育振兴行动计划（2018—2022 年）》（教育部、国家发展改革委、财政部、人力资源社会保障部、中央编办五部门 2018 年 2 月印发）

该文件的重心虽然在中小学教师培养，但作为一个由多部门联合印发的关于教师队伍建设的重要文件，明确提出要着力培养造就党和人民满意的师德高尚、业务精湛、结构合理、充满活力的教师队伍。在师德建设方面，明确提出将学习贯彻习近平总书记对教师的殷切希望和要求作为教师师德教育的首要任务和重点内容，争做有理想信念、有道德情操、有扎实学识、有仁爱之心的"四有"好教师，争做学生锤炼品格的引路人、学生学习知识的引路人、学生创新思维的引路人以及学生奉献祖国的引路人（"四个引路人"），坚持教书和育人相统一、坚持言传和身教相统一、坚持潜心问道和关注社会相统一、坚持学术自由和学术规范相统一（"四个相统一"），牢记"四个服务"即为人民服务，为中国共产党治国理政服务，为巩固和发展中国特色社会主义制度服务，为改革开放和社会主义现代化建设服务。加强师德养成教育，统领教师成长发展，细化落实到教师教育课程，引导教师以德立身、以德立学、以德施教、以德育德。

7.《教育部关于加快建设高水平本科教育全面提高人才培养能力的意见》(教育部 2018 年 9 月印发)

该文件明确提出了"全面提高教师教书育人能力"要求，把师德师风作为教师素质评价的第一标准，强调要提升教学能力，全面开展教师教学能力提升培训、提高教师现代信息技术与教育教学深度融合的能力、加强对教师育人能力和实践能力的评价与考核等多个方面具体举措。

8.《新时代高校教师职业行为十项准则》和《教育部关于高校教师师德失范行为处理的指导意见》(教育部 2018 年 11 月出台)

十项准则从不得歧视侮辱学生、自觉爱国守法、传播优秀文化、潜心教书育人、关心爱护学生、加强安全防范、坚持言行雅正、秉持公平诚信、坚守廉洁自律、规范从教行为等十个方面对教师提出了明确要求，要求教师要在思想政治、教学、科研等方面进行专业提升。师德失范行为处理指导意见要求建立违规行为的受理处理机制和责任追究机制，对师德师风建设失职失责等情况进行了具体细致规定。

9.《关于加强和改进新时代师德师风建设的意见》(教育部、中央组织部、中央宣传部、国家发展改革委、财政部、人力资源社会保障部、文化和旅游部等 7 部门 2019 年 11 月印发)

该文件把立德树人的成效作为检验学校一切工作的根本标准，把师德师风作为评价教师队伍素质的第一标准，激励广大教师努力成为有理想信念、有道德情操、有扎实学识、有仁爱之心的"四有"好老师。

10.《深化新时代教育评价改革总体方案》（中共中央 国务院 2020 年 10 月印发）

该文件旨在充分发挥教育评价的指挥棒作用，引导确立科学的育人目标。文件将改革教师评价，推进践行教书育人使命作为新时代教育评价改革的重要任务之一，坚持把师德师风作为第一标准，突出教育教学实绩，把认真履行教育教学职责作为评价教师的基本要求，引导教师上好每一节课、关爱每一个学生，改进高校教师科研评价，突出质量导向，重点评价学术贡献、社会贡献以及支撑人才培养情况。

11.《关于完善高校教师思想政治和师德师风建设工作体制机制的指导意见》（中共教育部党组 2021 年 12 月印发）

该文件指出，进一步加强党对高校教师工作的领导，以正确的政治方向和价值导向引领教师思想政治素质、师德素养和业务能力全面提升，完善教师思想政治和师德师风建设工作体制机制，落实师德师风第一标准，着力建设政治素质过硬、业务能力精湛、育人水平高超的高素质教师队伍。

第二节　新时代高校青年教师专业发展政策要点

进入新时代以来，高校青年教师专业发展政策坚持以习近平新时代中国特色社会主义思想为指导，深入学习贯彻习近平总书记关于教育的重要论述和全国教育大会精神，把立德树人的成效作为检验学校一切工作的根本标准，把师德师风作为评价教师队伍素质的第一标准，加强和改进高校青年教师思想政治工作，完善考核晋升机制，完善青年教师职业发展的全过程建设，不断引导广大青年教师坚定理想信念、练就过硬本领、勇于创新创造、矢志艰苦奋斗、锤炼高尚品格，全面提高思想政治素质和业务能力。通过对各政策要点的梳理，加强思想政治和师德师风建设、提升教学和科研能力、提高育人水平仍然是青年教师专业发展的核心内容。围绕这些核心内容，坚持社会主义办学方向，坚持德才兼备，注重凭能力、实绩和贡献评价教师，建设高素质专业化教师队伍。

一、将思想政治素质和师德师风建设摆到前所未有的高度

党的十八大召开后，《中共中央组织部、中共中央宣传部、中共教育部党组关于加强和改进高校青年教师思想政治工作的若干意见》出台，肯定了当前高校青年教师主体积极健康向上，拥护党的领导，对坚持和发展中国特色社会主义充满信心，热爱教书育人事业，关心关爱学生，为高等教育事业发展做出重要贡献。但也指出少数青年教师政治信仰迷茫、理想信念模糊、职业情感与职业道德淡化、服务意识不强，个别教师言行失范、不能为人师表；一些地方和高校对青年教师思想政治工作重视不够、工作方法不多、工作针对性和实效性不强。要求各地各高校党组织要充分认识新形势下加强和改进青年教师思想政治建设的重要性，切实把加强青年教师思想政治工作摆到更加突出的位置，进一步增强工作的主动性、积极性和创造性，通过政治上主动引导、专业上着力培养、生活上热情关心，促进广大青年教师坚定理想信念、练就过硬本领、勇于创新创造、矢志艰苦奋斗、锤炼高尚品格，全面提高思想政治素质和业务能力。

2012 年 1 月 4 日，习近平同志在第二十次全国高校党建工作会议上的讲话中指出，要把高校教师思想政治教育工作纳入高校党建工作中，在思想上认清加强高校教师思想政治工作的现实紧迫性。① 2013 年 5 月 4 日，中宣部、中组部和教育部党组联合颁布了《中共中央组织部 中共中央宣传部 中共教育部党组关于加强和改进高校青年教师思想政治工作的若干意见》（教党〔2013〕12 号），其中明确指出，不断强化高校青年教师的思想政治工作力度，其能够使党的教育方针得到明确落实，高校坚持社会主义办学方向的行动坚定不移地走下去，为社会主义事业培养大量德智体美全方位发展的建设者与接班人。2016 年，中共中央、国务院出台《关于加强和改进新形势下高校思想政治工作的意见》，习近平总书记出席全国高校思想政治工作会议并发表重要讲话，并强调教师是人类灵魂的工程师，承担着神圣使命；传道者自己首先要明道、信道，高校教师要坚持教育者先受教育，努力成为先进思想文化的传播者、党执政的坚定支持者，更好担起学生健康成长指导者和引路人的责任。

---

① 唐珍名. 高校教师思想政治工作有效性提升研究［M］. 长沙：湖南大学出版社，2016.

2018 年，习近平总书记出席全国教育大会，教育部出台《教育部关于高校教师师德失范行为处理的指导意见》，强调坚持党对教育工作的全面领导是办好教育的根本保障，要求建立违规行为的受理处理机制和责任追究机制，对师德师风建设失职失责等情况进行了具体细致规定。2019 年颁布的《关于加强和改进新时代师德师风建设的意见》把立德树人的成效作为检验学校一切工作的根本标准，把师德师风作为评价教师队伍素质的第一标准，激励广大教师努力成为"四有"好老师。2021 年制定的《关于完善高校教师思想政治和师德师风建设工作体制机制的指导意见》要求进一步加强党对高校教师工作的领导，以正确的政治方向和价值导向引领教师思想政治素质、师德素养和业务能力全面提升，完善教师思想政治和师德师风建设工作体制机制，落实师德师风第一标准，着力建设政治素质过硬、业务能力精湛、育人水平高超的高素质教师队伍。

二十大报告指出，加强师德师风建设，培养高素质教师队伍，弘扬尊师重教的社会风尚。十八大以来，以习近平同志为核心的党中央始终将坚持狠抓教师思想政治工作不放松，坚持把立德树人作为中心环节，把思想政治工作贯穿教育教学全过程，不断增强教师的使命意识、责任意识。针对青年教师，进一步明确要着眼青年教师群体特点，有针对性地加强思想政治教育，重视做好在优秀青年教师、海外留学归国教师中发展党员工作。创新教师思想政治工作方式方法，开辟思想政治教育新阵地，利用思想政治教育新载体，强化教师社会实践参与，推动教师充分了解党情、国情、社情、民情，增强思想政治工作的针对性和实效性。从实际效果来看，近年来高校教师的思想政治素质不断得到强化，尤其是青年教师在提升政治站位、坚持社会主义方向等方面具有明显改善，广大教师能够以习近平新时代中国特色社会主义思想武装头脑，准确把握培养一代又一代社会主义建设者和接班人的历史重任。

同时，在师德师风建设方面，坚持典型引领、制度规范、问题查处相结合，健全师德建设长效机制。党的十八大以来，国家相关部委深入宣传优秀教师先进事迹，充分展现当代教师的精神风貌。深入开展全国教书育人楷模、全国模范教师、优秀教师、师德楷模标兵等评选表彰，举办"寻找最美教师"大型公益活动，在全社会大力弘扬尊师重教的良好风尚。先后出台建立健全高校师德建设长效机制的意见、新时代教师职业行为十项准则和相关违反行为处理办法。通过相关文件的出台和实施，建立健全了师德建设制度体系，充实了师德评价的内涵，使对师德失范行为的查处有据可循，建立起了教育、宣传、考核、监督、奖励、惩处相结合的师德建设长效机制。教育部对违反师德行为零容忍，出现一起、查处一起，并点名道姓曝光，先后督促查处一些学校教师严重违反师德师风案件，并向全社会通报，坚决将害群之马清除出教师队伍，起到了很好的警示教育作用。

二、对教育教学的重视重新回归并不断提升

改革开放后，教师队伍建设各项制度逐步建立。1979年底教育部出台的《关于高等学校教师职责及考核的暂行规定》即明确了不同教师的职责以及考核内容和办法，针对不同层次的教师，都将教学作为重要的任务和考核指标，其实是确立了教学是教师的最根本职责的理念。之后，教育部于1981年4月印发的《教育部关于试行高等学校教师工作量制度的通知》和1982年初印发的《〈关于当前执行国务院关于高等学校教师职务名称及其确定与提升办法的暂行规定的实施意见〉的通知》都将教学作为教师考核、晋升的重要内容。从中可以看出改革开放伊始，教学就定义为教师专业发展最重要的内容。

随着高等教育的快速发展，高校招生规模迅速扩增，教师数量激增，但是教师的增长速度与学生的增长速度还是有较大的差距。因为大量新增的老师都是年轻教师，原有的传帮带体系打乱，导致对年轻教师的培养跟不上。同时，由于学生大幅增加，课时量攀升，很多老师忙于应付教学工作量，无暇顾及教学能力的提升。此外，在考核方面存在重科研轻教学的导向，导致在一段时间内教学受到很大影响。

当前，国家对高校教师的教育教学再次高度重视起来。《国家中长期教育改革和发展规划纲要（2010—2020年）》中明确提出高等学校要"把教学作为教师考核的首要内容，把教授为低年级学生授课作为重要制度"。2012年8月《国务院关于加强教师队伍建设的意见》明确，定期开展教学名师奖评选，重点奖励在教学一线作出突出贡献的优秀教师；研究完善国家级教学成果奖。随后，几乎每年教育部都将鼓励教授为本科生授课纳入年度重点工作，部主要领导多次召开会议推进相关工作。与此同时，相关的制度保障也逐渐健全，提升教师教育教学能力成为自上而下的普遍要求和自下而上的主动实践。2016年《教育部关于深化高校教师考核评价制度改革的指导意见》和2017年教育部等五部门联合印发的《教育部等五部门关于深化高等教育领域简政放权放

管结合优化服务改革的若干意见》等从评价上确保教学的重要地位，明确要提高教学业绩在教师考核和评聘中的比重。《中共中央　国务院关于全面深化新时代教师队伍建设改革的意见》再次强调，深入推进高等学校教师考核评价制度改革，突出教育教学业绩和师德考核，将教授为本科生上课作为基本制度；全面开展高等学校教师教学能力提升培训，重点面向新入职教师和青年教师，为高等学校培养人才培育生力军；开展国家级教学名师、国家级教学成果奖评选表彰，重点奖励贡献突出的教学一线教师。2018 年 9 月《教育部关于加快建设高水平本科教育全面提高人才培养能力的意见》明确，加强高校教师教学发展中心建设，全面开展教师教学能力提升培训；完善教授给本科生上课制度，实现教授全员给本科生上课。2020 年中共中央国务院印发《深化新时代教育评价改革总体方案》更是将教育教学实绩作为改革教师评价的重要指标，要求把认真履行教育教学职责作为评价教师的基本要求，引导教师上好每一节课、关爱每一个学生，把参与教研活动，编写教材、案例，指导学生毕业设计、就业、创新创业、社会实践、社团活动、竞赛展演等计入工作量，落实教授上课制度，明确教授承担本、专科生教学最低课时要求，确保教学质量，对未达到要求的给予年度或聘期考核不合格处理。

三、科研能力评价机制更加科学务实

改革开放之初，教师队伍建设的框架就已经把科研能力作为教师专业发展的重要内容，如《教育部关于试行高等学校教师工作量制度的通知》和《〈关于当前执行国务院关于高等学校教师职务名称及其确定与提升办法的暂行规定的实施意见〉的通知》都明确了教师应承担相应的科研工作，并纳入考核体系。党的十八大以来，对教师科研能力的建设一直在加强，而且从之前相对单一的教学科研要求，逐渐转化为对教师基础研究、成果转化与应用等全方位的要求；从以前促进教育教学改革为主的科研要求，上升为支撑国家科技创新和新兴产业发展的科研战略。

《教育部关于进一步加强高校科研项目管理的意见》要求，学校要充分发挥评价导向作用，正确引导和调动科研人员开展科研工作的积极性，改革评价机制，推行分类评价和开放评价的新机制，建立以创新质量和贡献为导向的科研项目考核、评价和奖励制度，鼓励科研人员面向国家需求，潜心研究，为国家科技事业发展做出更多的创新性贡献。《教育部关于深化高校教师考核评价

制度改革的指导意见》明确提出，完善科研评价导向，坚持服务国家需求和注重实际贡献的评价导向；探索建立"代表性成果"评价机制，鼓励潜心研究、长期积累，遏制急功近利的短期行为；强化对教学科研成果转化业绩的考核，并建立合理的科研评价周期；大力促进教师开展科研成果转化工作，聘任科研成果转化、技术推广与服务岗位的教师，主要考察其实施科研成果转化的工作绩效。为了鼓励教师从事科研，《中共中央 国务院关于全面深化新时代教师队伍建设改革的意见》明确，高等学校教师依法取得的科技成果转化奖励收入，不纳入本单位工资总额基数。2020 年出台的《深化新时代教育评价改革总体方案》更是指出，改进高校教师科研评价，突出质量导向，重点评价学术贡献、社会贡献以及支撑人才培养情况。

四、教师专业发展成为教师考核新指标

《教育部关于深化高校教师考核评价制度改革的指导意见》明确教师考核的主要内容包括师德师风、教育教学、科学研究、社会服务、专业发展等内容。这是首次从政策层面将专业发展纳入教师考核指标。政策内涵主要有：一是高校应调整完善教师考核评价指标体系，增设教师专业发展考评指标，根据学校实际情况细化对教师专业发展的具体要求。确立教学学术理念，鼓励教师开展教学改革与研究，提升教师教学学术发展能力。落实每 5 年一周期的全员培训制度。加强教师教学基本功训练和信息技术能力培训。鼓励青年教师到企事业单位挂职锻炼，到国内外高水平大学、科研院所访学以及在职研修等。职业院校专业课教师每 5 年到企业顶岗实践不少于 6 个月。二是注重与教师的及时沟通和反馈，科学分析教师在考核评价中体现出来的优势与不足，根据教师现有表现与职业发展目标的差距以及影响教师职业发展的因素，制订教师培养培训计划，提供相应的帮助和指引，促进全体教师可持续发展。三是支持高校普遍建立教师发展中心，完善教师培训和专业发展机制。支持高校开展教师发展性评价改革，加大对教师专业发展的政策支持与经费投入。

五、国内主要高校对教师专业发展开展了积极探索

根据党的十八大以来国家在教师专业发展方面的新方略、新要求，各高校立足已有基础，积极贯彻落实文件精神，完善校内制度规范，对教师专业发展进行积极探索和改革实践。

一是严守师德底线，强化师德考核。清华大学、天津大学、东北林业大学、河海大学等学校构建多方参与的师德评价体系，加强对考核结果的运用，并将考核结果存入教师档案。中国政法大学、北京师范大学、复旦大学等学校将师德考评作为学校教师管理各项工作的首要标准，贯穿教师选聘、考评、晋升、评优等过程的始终，建立学术诚信制度，对学术不端行为零容忍，一经查实，一律解聘。

二是突出教学业绩，强化教学质量。许多高校重视本科教学工作，要求教授、副教授上讲台，把承担本科教学任务作为教授考核评价的基本内容，并且在绩效津贴分配方案中，提高教学工作业绩分配占比。浙江大学设立了永平奖教金，每年评出 8 名在师德师风、教书育人方面作出突出成绩的一线教师，激励教师投身教育教学工作，对在教学上做出贡献的老师给予百万元奖励。北京外国语大学以学生为中心，将学生课堂教学评估作为教学质量监控与评价的基础性工作，形成了比较成熟和完善的教师课堂教学质量评价指标体系，考评结果作为教师职称评定和岗位考核的重要依据。

三是调整科研导向，弱化量化指标。复旦大学率先在全校范围的高级职务评聘工作中全面推行"代表性成果评价制度"，取消教师晋升高级专业技术职务的论文数量、科研项目数量等量化标准，改为授权各学院组织围绕"学术贡献、学术影响、学术活力"三个评价维度，制定符合本学科特点，有利于引导学科发展的评价标准和体系。中国人民大学制定的《教师科研工作考核办法》，赋予教师更宽松、更自由的治学空间，培养教师更自主、更强烈的学术志向和学术兴趣，改变以往以攒分为基础的科研评价制度，试图克服以数字衡量学者"学绩"的"学术 GDP"的弊端，使行政性的评价让位于同行学者评价、量化的评价让位于定性的评价。

四是探索发展性评价，引领全面发展。中南大学考核评价不仅重视教师个人工作业绩表现，更注重教师的职业生涯与学校的未来发展，学校通过建立"五年阶梯式"人才培养模式，实行"531"计划等，为教师提供相应层次的发展平台，授予各层次人才名誉称号并给予相应的经费支持，以引导教师分类、分层发展，充分发挥发展性评价与激励性评价联合效用，推进教师人才队伍建设。北京交通大学将发展性评价贯穿于教师管理始终，教师根据学校发展规划，结合所授学科的特点和个人的实际情况，制订个人发展规划，学院对教师发展规划进行培训和指导，在签订合同时注重体现个性化的指标，促进教师的成长发展，实现教师个人与学校发展的"双赢"。

五是关注个体差异，实行分类管理。武汉大学把教师岗位由原先的基础教学型、教学科研并重型和科研为主型拓展为教学为主型、教学科研型、科研为主型和社会服务型，各类岗位在评价指标的设计上有所侧重，教师可根据自身的特长和所承担的任务，在学校的总体规划下，选择适合自己专业发展的岗位，既尊重了教师个性特点，也激发了教师发挥自身特长的积极性。厦门大学将教师分为特聘教授、重要岗位、普通教师三个层次，实行不同的考核聘任标准，对第一层次特聘教授着重学科引领、队伍凝聚等方面的考核，对第二层次重要岗位教师主要考核其教学科研水平，对第三层次普通教师则根据人才成长规律设计考核指标。

第三节　高校青年教师专业发展的政策方向

一、坚持习近平新时代中国特色社会主义思想武装高校青年教师头脑

一直以来，我国高度重视教师思想政治工作，将教师意识形态作为重要的评价指标。2016年全国高校思想政治工作会议，再次强调我们要办社会主义大学，要清楚"为谁培养人、培养什么人、怎样培养人"，要全方位、全过程、全员育人，为未来教师的思想政治工作指明了方向。贯彻好国家的要求，就要求我们从源头上抓好教师队伍的思想政治工作，高校青年教师作为教师队伍中的"初升太阳"，在进入教师队伍的时刻就要清楚所肩负的使命，并在今后的教育生涯中矢志不渝地践行。未来，高校要不断加强教师队伍党的政治建设和理想信念教育，不断增强"四个意识"，坚定"四个自信"，做到"两个维护"；更加注重对青年教师的入职教育国情培训，更加注重青年教师对新时代特色社会主义思想的学习，对其党史、新中国史、改革开放史、社会主义发展史的教育培训。高校党委将更加充分发挥党的力量，更加注重教师党支部的建设，吸纳优秀青年教师进入党组织，让青年人才向党聚拢，在工作中发挥先锋模范作用。行政管理部门要以主题教育为契机和"三全教育"为抓手，建立国情和形势教育长效机制，贯穿青年教师职业生涯的全过程。这将是新时代高校青年教师专业发展的时代背景和底色，是必须坚持的

正确方向。

二、更加强调师德师风建设和教师自身素质修养

习近平总书记在全国教育大会上指出，师德师风是评价教师队伍素质的第一标准。当前，师德师风情况已成为高校青年教师专业发展的通行证，其结果应用于职称晋升、薪酬增长、科研和人才项目申报、招录研究生等方面，师德师风"一票否决制"得到进一步贯彻落实。新时代立德树人新使命需要教师有新作为，需要教师将价值塑造、知识传授和能力培养三者融为一体。从管理层面来看，要始终将教师师德发展置于首要地位，引导教师树立加强自身修养的意识，全面提升教师师德素养，健全师德建设长效机制；将各类师德规范纳入新教师入职教育和在职教师全员培训必修内容，贯穿教师职业生涯全过程，推动师德建设常态化和长效化；深化师德建设主体责任落实，做好师德失范行为综合治理工作。从教师个体来看，要以"四有"好教师为标杆，积极涵养道德，坚持正确的职业伦理，秉持较高的道德情操，真正成为思想高尚的育德者和"人类灵魂的工程师"；坚信提高修养是一个不断提升和发展自身的过程，主动加强相关课程培训体系的建设，学习中华优秀传统文化，学习其中的哲学思想、人文精神、价值理念、道德规范等，不断提升教师的自身修养，以教师修养提升促进教师道德提升。

三、更加强调青年教师专业发展的内涵建设和教师对自身专业发展的内在需求

当前，高校承担着人才培养、科学研究、社会服务、文化传承创新和国际交流合作等重要职能。高校职能的实现最终都需要落实到每一位教师身上，青年教师作为生力军，理应有更多的担当，要主动融入学习发展，与学校共进退。因此，青年教师要全面提升教育教学能力、科学研究能力、社会服务能力、自我学习能力、国际交往能力。这些应该是当前和未来一段时间里青年教师专业发展的核心内涵。

制度和政策属于外在的力量，要充分激发教师专业发展的内在动力。要引导高校青年教师对自身专业发展进行规划，激发青年教师对专业发展的责任、使命、兴趣和成就，做自己职业发展的主人。要培养青年教师对自己职业的认同感，认真思考自己的专业发展方向，并能适时调整发展目标，选择合适的发

展方式，对自己的专业发展过程进行监控和反思。营造高校青年教师重视自身专业发展的环境和氛围，支持高校建立青年教师专业发展的咨询机构，探索建立多样化的专业发展路径和措施。鼓励高校搭建信息化平台，建立青年教师个人专业发展档案，让青年教师对自身过去的专业发展有详细的总结；建立青年教师专业发展交流的信息化平台，构建青年教师专业发展共同体，促进教师对当前自身专业化所处情况的了解和思考，促进其规划未来的专业发展之路。

四、更加强调对高校青年教师专业发展过程的管理

要树立高校青年教师专业发展的质量观点，即更加关注专业发展的质量，而不是仅仅关注参加过哪些项目或者培训。当前，高校青年教师专业发展有很多路径，其中很重要的一条就是人才计划和科研项目，我们过去比较重视项目的立项评审和结项评审，对于项目或计划推进的过程缺乏有效的手段和监控办法，青年教师在这一过程中遇到的困难、压力等问题得不到及时关注和解决，其自觉性受到很大挑战，很多项目处于无人管理的状态，影响到教师专业发展的质量。那么，如何在项目繁杂、教师数量庞大的高校建立对青年教师专业发展过程的关注，即保证每一次活动或者计划高质量地达到既定的目标将成为未来探索的问题。质量导向的管理思路必然带来人力成本的增加，将会对管理者的工作模式和职业素质提出更高的要求，也会对高校机构设置和岗位设置产生影响，但这是精细化管理的必由之路。

五、更加强调高校青年教师个体差异，尊重差异化发展

高校青年教师的学科不同（如文、理、医、工、艺等），在教学、科研、应用和社会服务等方面优势和劣势存在差异，因此管理部门越来越认识到青年教师的差异性，并尊重这种差异。近几年，高校逐渐认识到这种差异，在职称评审上探索开通不同的高级专业技术职务类别，比如设立教学型副教授、成果转化型副教授、教学科研型副教授。这表明在对高校青年教师设定专业发展目标时要因人而异，不能"一刀切"，要充分激发青年教师不同的创造性，要营造"百花齐放"的局面。在差异化目标设定的基础上，分类开展差异化评价，不仅仅要给出评价结论，还要给出青年教师下一步专业发展的建议和意见等形成性评价，目的不是为了得出评价结果而是为了青年教师持续的专业发展。

六、更加强调对高校青年教师分阶段人本主义管理

根据上述教师专业发展的理论回顾，揭示教师专业发展存在阶段性，青年教师在专业发展的每一个阶段的需求和困难是不同的，要实现高质量的教师专业发展，需要管理部门和管理人员实施更加精细化的管理策略，要对高校青年教师按照发展阶段分类管理，对处于不同阶段的青年教师进行分析，提供相应的支持和帮助。对于新入职的教师要帮助其加强培训和人文关怀，使其能较快融入环境，建立职业自信；加强对其住房、薪资、交通的关心和支持。对于处于职业倦怠期的教师，管理者要深入探索其倦怠原因、提供疏导方案，使其尽快摆脱职业倦怠的情绪。对于职业成熟期的教师，探索建立更加丰富多样的平台，促进其不断地提升自己的教育教学、科研研究、社会服务的能力。

七、更加注重建立高校青年教师专业发展系统化制度体系

教师专业发展涉及教师个人和群体，以及社会系统、文化系统、教育系统等多种因子组成的生态系统，要高质量地促进青年教师专业发展，主管部门和高校要建立促进教师专业发展的良好生态环境和氛围，关心青年教师不同阶段的发展需求，形成长效机制，这就要求高校积极建立系统化的制度体系。在校园文化方面，积极营造良好的"三全育人"、党建引领的思政大格局，让青年教师在课程思政中发挥重要作用；加强对良好师德师风环境的营建，让青年教师在优秀榜样的引领下更加纯粹；同时，政策上要加强对青年教师的人文关怀，建立青年教师交流平台，构建温暖和谐的校园，促进教师在教学、科研上形成良好的价值观念和行为方式。在物质需求方面，要给予青年教师一定的项目支持、住房支持、学术交流支持、学习培训支持等，让青年教师摆脱生存需求，向更高层次的专业发展需求转移。在教师人事管理方面，要采用精细化管理模式，进一步探索青年教师分类管理、分阶段管理，研究青年教师培训课程内容和培训模式方法，完善青年教师分类考核和激励机制，探索青年教师专业化发展的新路径、新方法。依靠系统化的制度体系建设，最终构建高校青年教师专业发展的良性生态圈，促进所有青年教师愉快、有质量的专业发展，提升我国高等教育师资队伍的水平，早日实现教育现代化。

第三章　思想政治素养

第一节　高校青年教师思想政治素养的现状

高校青年教师普遍思想政治素质优良，对党的路线、方针、政策极其拥护，并用自己的实际行动为我国高等教育事业发展作出了很多贡献。他们思想开放、视野开阔、自我意识强、忧国忧民、奋发进取，其思想政治素养的主体是好的。然而同时，高校青年教师与具有丰富人生经历、坚韧顽强品质的中老年教师不同，他们成长在改革开放和社会经济转型时代，人生基本是一帆风顺的，没有经历过艰苦磨难，也鲜有足够的社会阅历，更少有吃苦耐劳、艰苦奋斗的品格与精神。在经济文化全球化发展的冲击下，受社会、学校、制度以及个人修养等因素的影响，部分高校青年教师在政治素养、理论水平和师德情操等方面存在不容忽视的问题。①

一、多元文化交流、交融、交锋环境对青年教师的影响

高校青年教师普遍学历层次较高，精通并掌握一定的现代科技知识，求知欲强，注重提高自身的业务素质。同时在经济利益多元化、价值观念多元化的新形势下，高校青年教师的思想和行为呈现出多变性、矛盾性和复杂性的特点。高校向来是社会思潮汇聚和交汇的前沿阵地，西方国家的价值观念和意识形态对我们的主流意识形态和主导价值观念带来了不可估量的冲击。随着互联网等新媒体技术的快速发展，国外多元思想文化不断涌入，国内社会观念想法也复杂多样。在这种外部不利形势笼罩下，一些青年教师对马克思主义的理想

---

① 程奎，严蔚刚．习近平高校教师思想政治工作思想探析［J］．现代教育管理，2018（2）：6-9.

信念的认同度下降，缺乏政治鉴别力和政治敏锐度，政治理论学习懈怠，政治意识缺乏，自由化思想严重，信奉西方普世价值观，对国内政治、经济、社会现象品头论足，曲解中国特色社会主义理论体系，认为共产主义是虚无缥缈的幻想，不可能实现。

二、经济社会发展变化对青年教师的影响

随着经济社会快速发展，各行各业的竞争日趋激烈。青年教师普遍职称较低、资历较浅，但却面临成家立业的巨大经济、社会压力，这也导致了一部分高校的青年教师只关注学历、职称和待遇等切身利益问题，而职业道德感淡化。在市场经济环境下，高校青年教师的主体意识、主观能动性增强，但同时存在个人主义、实用主义、功利主义的价值观盛行的现象。少部分高校青年教师思想不够稳定，对本职工作投入精力少，职业认同度差，无心致力于教书育人，甚至产生职业倦怠心理。同时高校青年教师接受的职业道德培训不系统，未能形成完整的职业道德观念，缺乏对高校教师职业神圣感和光荣感的领悟。在治学态度方面，部分高校青年教师治学态度不严谨，缺乏潜心科研的精神，总想在业务上找捷径，急功近利、投机取巧，存在粗制滥造的学术浮躁之风和行为。在个人与集体利益关系上，少数青年教师甚至把个人利益置于集体利益之上，较多地考虑个人利益，一旦个人利益与集体利益发生冲突，较少考虑集体利益，强调个人索取的情况较多。①

三、考核评价指标体系对青年教师的影响

在很长一段时间里，我国大部分高校的教师思想政治工作没有像学生思想政治工作那样，形成全方位、立体化的工作格局；部分高校的教师思想政治考核不像教学科研考核那样有明确的刚性要求；一些高校的教师思想政治工作浮于表面，常以报告论坛传达、书本资料学习等形式开展，甚至认为"高校教师思想政治说起来重要，想起来需要，做起来次要，忙起来不要"。部分高校只注重青年教师业务能力的提高，而忽视思想政治素质的提高。在日常管理过

① 徐婷婷. 加强高校青年教师思想政治教育的探索与思考 ［J］. 大学教育，2019（12）：105-107.

程中，各个高校都将教学和科研作为学校的工作重心，将教学和科研等业务能力作为评价一个高校教师的重要依据。在教师招聘时，高校往往只注重青年教师的论文发表、论著出版等科研成果的情况，采取科研成果的一票否决制，而对思想政治素质的考察仅在招聘条件中一笔带过，虽然有政审环节但往往都是形式，没有进行具体的量化考察。同时在学校考核时，只有针对青年教师教学能力和科研成果的考核，没有针对思想政治素质方面的考核。在评优评先和职称评定的过程中对教学和科研成果都有具体的量化标准，却忽视了思想政治素质方面的量化指标。①

为此，中共中央、国务院印发了《深化新时代教育评价改革总体方案》（以下简称《总体方案》），提出了对教师师德评价关键内容和考核任职评价的改革。在教师评价改革中，《总体方案》坚持把师德师风作为第一标准，要求克服重科研轻教学、重教书轻育人等现象，把师德表现作为教师资格定期注册、业绩考核、职称评聘、评优奖励的首要要求，强化教师思想政治素质考察，推动师德师风建设常态化、长效化。在考核任职方面，《总体方案》特别指出高校青年教师晋升高一级职称，至少须有一年担任辅导员、班主任等学生工作经历。《总体方案》传递出重要的信息，高校教师要坚持教育者先受教育，要以德立身、以德立学、以德施教，教师的思想道德水平和政治素养直接关系到立德树人工作的质量和效果，教师师德师风正、政治素养高是思想政治教育工作取得实效的前提条件。

第二节 高校青年教师思想政治素养的重要性及内涵

我国高校教师中，青年教师占据着高校教师队伍的绝大部分，是推进高等教育发展、实现中国梦的基础性力量。青年教师的思想政治素养决定着高校教师思想政治素养的整体水平，关系着教育强国建设、高等教育事业发展、社会主义建设者和接班人培养以及教师专业发展，是高校青年教师教育教学能力和学术科研能力的基石，具有重要的战略意义。

---

① 范亚欣. 高校青年教师思想政治素质建设研究——以河南省为例 [D]. 郑州：河南大学，2018：45-47.

一、高校青年教师思想政治素养的重要性

1. 提升高校青年教师思想政治素养是高校人才培养的根本要求

高等教育的目标就是为国家培养社会主义事业的合格建设者和可靠接班人，高校教师的思想政治素养能直接影响到高校学生未来的就业、人生规划、个人品德修养等。因此加强高校教师队伍的思想政治教育，一方面不仅可以保障和提高教师队伍高水平的教学状态和思想境界，另一方面可以借助教师对学生的榜样示范引领作用，帮助当代大学生树立健康的人生观、世界观和价值观，引导大学生增强"四个意识"、坚定"四个自信"、做到"两个维护"，将爱国之情、强国之志、报国之行融入中国特色社会主义事业、建设社会主义现代化强国、实现中华民族伟大复兴的奋斗之中。

2. 提升高校青年教师思想政治素养是教师专业发展的内在要求

邓小平同志曾经说过，学校能不能为社会主义的建设培养合格的德智体美全面发展的人才，关键在于教师。高校教师不仅是知识的传授者，更大意义上是学生品德修养培育的领路人。教师的职责不仅仅是传授学生知识，更重要的是要思考培养学生做一个什么样的人，在新时期的社会主义建设中怎样发挥自己的作用。高校教师更应当注重自身思想政治建设，加强道德和文化学习，提升个人品格和政治修养，坚守教师岗位，履行教书育人的职责，满足高校青年教师专业发展的内在要求。通过思想政治教育，不仅能激发教师的主观能动性，还能帮助教师把握正确的教育方向，引导教师努力工作潜心育人，尽可能地发挥教师的职能和作用。除此之外，良好的思想政治教育还可以调动高校教师的积极性和创造性，从根本上改善对思想政治工作的认识，从而以一种积极创新的态度开展教学工作，促进良好的学习氛围形成。

二、高校青年教师思想政治素养的内涵

提升高校青年教师思想政治素养，要求高校青年教师要坚定理想信念，增强对马克思主义、共产主义的信仰，增强对中国特色社会主义的信念，增强对实现中华民族伟大复兴的信心，积极践行社会主义核心价值观，做新时代的忠诚爱国者。

1. 坚定理想信念

2014 年 9 月，习近平总书记同北京师范大学师生代表座谈时强调，要积

极引领广大教师牢牢树立和坚信中国特色社会主义理想信念，自觉肩负起国家使命和社会责任。习总书记说，正确的理想信念是教书育人、播种未来的指路明灯，不能想象一个没有正确理想信念的人能够成为好老师。我们的教育是为人民服务、为中国特色社会主义服务、为改革开放和社会主义现代化建设服务的，党和人民需要培养的是社会主义事业建设者和接班人。好老师的理想信念应该以这一要求为基准。

理想信念统帅高校教师的世界观、人生观、价值观，是高校教师价值意识活动的主导中枢，是高校教师权衡利弊、选择精神追求的最高准则，是高校教师人生道路和政治方向的集中体现。高校青年教师应该加强思想政治理论的学习，通过对马列主义、毛泽东思想、中国特色社会主义和习近平新时代中国特色社会主义思想的学习，坚定社会主义的理想信念，自觉做中国特色社会主义的坚定信仰者和忠实实践者，忠诚于党和人民的教育事业，自觉把党的教育方针贯彻到教学管理工作全过程，严肃认真对待自己的职责。高校教师只有坚定内心对共产主义的信仰、对马克思主义理论的支持，才能做中国特色社会主义共同理想和中华民族伟大复兴中国梦的积极传播者，引导学生坚定理想信念，帮助学生筑梦、追梦、圆梦，让一代又一代年轻人都成为实现我们民族梦想的正能量。

2. 积极践行社会主义核心价值观

2014 年 12 月 29 日，习近平同志在第二十三次全国高等学校党的建设工作会议上做了重要指示，要求高校教师要坚持立德树人，把社会主义核心价值观融入自身的教书育人当中。社会主义核心价值观集中体现和有力彰显了当代中国的精神向往和价值追求，具有重大的指导意义。高校青年教师应当把社会主义核心价值观及其精神要素融入高等教育各门专业课程中，要善于从自己所从事的专业课内容中凝练和提升相关精神要素，并贯穿到教育教学过程中，这不仅有利于深化教师本人对社会主义核心价值观的理性认知，增强对核心价值观的认同感，做核心价值观的积极传播者和自觉践行者，更有利于坚定大学生的理想信念，提升大学生的道德素养和精神境界。

高校青年教师通过用好课堂讲坛，用好校园阵地，用自己的行动倡导社会主义核心价值观，用自己的学识、阅历、经验点燃学生对真善美的向往，使社会主义核心价值观润物细无声地浸润学生们的心田、转化为日常行为，增强学生的价值判断能力、价值选择能力、价值塑造能力，引领学生健康成长。

3. 做新时代的忠诚爱国者

高校青年教师要大力弘扬新时代爱国主义，必须坚持爱国、爱党、爱社会主义相统一，维护祖国统一和民族团结，尊重和传承中华民族历史文化，坚持立足中国又面向世界。当代中国，爱国主义的本质就是坚持爱国和爱党、爱社会主义高度统一，以实际行动体现对祖国的热爱、对党的热爱、对社会主义的热爱，以一生的真情投入，一辈子的顽强奋斗来践行爱国主义。

高校青年教师要坚决维护祖国统一和民族团结，旗帜鲜明地反对分裂国家的图谋和破坏民族团结的言行，传承中华文化基因，提升民族自豪感和文化自信心。只有对中华优秀传统文化具有系统完善的体会和认识，对中华民族历史和命运进行深入思考，对当下中国的基本国情深刻掌握，才能在教学科研过程中做到习近平同志"8·19"讲话中提出的四个"讲清楚"以及习近平同志在全国思政会议讲话中要求的"成为先进思想文化的传播者"，引导学生形成正确的世界观、人生观、价值观。

高校青年教师要注重加强对中国特色社会主义理论体系的学习，加深对中国特色社会主义的思想认同、理论认同、情感认同，不断增强道路自信、理论自信、制度自信，积极引导学生热爱祖国、热爱人民、热爱中国共产党。

第三节 高校青年教师思想政治素养的根本是师德师风素养

提升高校青年教师思想政治素养的根本途径是加强师德师风建设。一个好老师首先应该是道德上的合格者和引领者，才能有资格做学生灵魂的工程师。习近平总书记在全国高校思想政治工作会议上强调："加强师德师风建设，坚持教书和育人相统一，坚持言传和身教相统一，坚持潜心问道和关注社会相统一，坚持学术自由和学术规范相统一，引导广大教师以德立身、以德立学、以德施教。"① 其中，"教书和育人相统一"是教师完成职责使命的核心，"言传和身教相统一"是教师落实教书育人的根本，"潜心问道和关注社会相统一"是教师弘扬优良学风的要求，"学术自由和学术规范相统一"是教师开展科学

---

① 习近平出席全国教育大会并发表重要讲话［EB/OL］.（2018-09-10）［2021-12-12］. http：//www.gov.cn/xinwen/2018-09/10/content_5320835.html.

研究的依循。① 高校青年教师要围绕"四个相统一"的目标定位，加强自身师德师风建设。

耄耋之年的人民教育家于漪谈道："人是要有灵魂的，做一名中国的教师，便要有一颗当代中国的教师魂。""我总认为，教育顶顶重要的，是首先必须搞清楚'培养怎样的人''为谁培养人'的问题。心中有了这样的'定盘星'，有了这样的'教师魂'，作为一名当代中国的教师，在教书育人大业中，就会自觉地开阔自己的胸襟，树立理想信念，培育道德情操，夯筑扎实学识，奉献仁爱之心，让生命与使命结伴同行，不负时代，不负韶华，不负党和国家的嘱托，不负每一个青春的生命和亿万家庭的幸福，就会倾情尽力，孜孜矻矻，为实现中华民族伟大复兴的中国梦而培育英才"。②

一、坚持教书和育人相统一

高校青年教师在传授专业知识的同时，要以自身的行为和魅力，发掘专业知识的德育价值，将学生的知识教育、价值观教育、能力教育有机统一起来，将思想引领、价值观塑造融入每一堂课的教学内容中，进而让每一名学生在潜移默化中接受熏陶、教育，引导学生在掌握科学知识与技能的基础上，培养良好的品德，实现个人的全面发展，让做人处事的道理成为学生一生最宝贵的财富。这是对高校青年教师岗位工作的根本要求。教师通过发挥自身修养与魅力、传播扎实的专业知识以及发挥专业知识的德育价值，坚持科学性与思想性的紧密统一，将教书育人渗透到教学的全过程，使教书与育人达到和谐共存，这样才能真正履行教书育人的神圣职责。

基于教书和育人相结合的前提，青年教师要充分践行"课程思政"的育人理念，用课程讲好思政故事，用课程带动思政学科发展，用课程撬动思政育人。高校青年教师应当深入研究发现课程中所蕴含的思想政治教育资源，以点带面，开发课程思政的潜力。各学科任课教师要相互交流，实现课程思政的相互借鉴，使各学科的思想政治教育有效衔接，不断激发各类课程内在包含的思

---

① 郗厚军，康秀云．习近平总书记关于高校教师思想政治工作论述的理论意涵、主要内容及基本特质 [J]．思想理论教育，2018（12）：78-83.
② 于漪．谱就师德师风建设的时代诗篇 [EB/OL]．（2019-12-26）[2021-12-10]．http://www.moe.gov.cn/jyb_xwfb/moe_2082/zl_2019n/2019_zl98/201912/t20191226_413578.html.

想政治动力。但是，各学科教师也应当明确，"思政课程"和"课程思政"的本质区别，不应当将所有的学科教学课程都完全变成思想政治课。① 因此，高校青年教师思想政治品质的提升既要遵循高校育人原则，又要坚持"以人为本"理念，遵循教师发展的规律；既要注重教师道德品质提升，又要注重教师的职业发展和生存需求；既要重视课堂德育显性教育，又要重视学生生活化隐性德育养成。

二、坚持言传和身教相统一

高校青年教师在教育教学工作中既要用言语来教导，又要用行动来示范，言行一致地去教导、影响别人。这是对高校青年教师教育方式的根本要求。青年教师要具备马克思主义思想、中华民族传统美德、社会主义核心价值观等思想品质，在这些思想品质的引领下，言传身教，以身作则，率先垂范。只有做到言传与身教相统一，才能对学生施加良好的教育影响。习近平同志在同北京师范大学师生代表座谈时强调，好老师不仅要有扎实的学识，还要有一颗对学生的仁爱之心，要用自己的人格魅力和实际行动化解学生成长道路上的困惑。因此，高校教师要言行一致，课堂内外知行合一，在修身立德、大是大非、善恶曲直、义利得失等方面有正确的立场，要求学生做到的事、遵守的做人准则，自己要以身作则、率先垂范。只有这样，高校教师才能赢得学生的尊重和认可，帮助学生健康成长。

三、坚持潜心问道与关注社会相统一

高等学校具有服务社会的功能决定了高校不是世外桃源，高校教师也不能只待在象牙塔里做"书斋里的学问"。很多高校青年教师虽然熟悉前沿的学术动态，却缺少对世情、国情、社情的了解。对此，习近平同志指出，好老师要有家国情怀，清楚自身肩负的国家使命与责任。高校青年教师要专一执着地从事科学研究，同时关注社会发展动态，将科学研究服务作用于社会。这是对高校青年教师科研工作的本质要求。科学研究是一个"板凳要坐十年冷"的长期而艰辛的过程。如果青年教师不具备吃苦耐劳的品格、不畏艰难的意志、科

---

① 刘丽颖，左双双. 习近平关于高校教师思想政治工作重要论述研究［J］. 辽宁师范大学学报（社会科学版），2020（1）：30-37.

学严谨的态度和持之以恒的决心，就难以攻克难关，实现自我超越。同时，科学研究既要追求知识和真理，也要服务于经济社会发展和广大人民群众。当代高校青年教师要怀有心忧天下、经时济世的志向，关注社会、体察社会和服务社会，坚守报效国家、服务人民的理念，时常深入企业、工厂一线，深入农村、偏远地区一线，做到"读万卷书"与"行万里路"的有机统一，在实践历练中汲取营养、丰富思想。

四、坚持学术自由与学术规范相统一

高校青年教师从事学术活动，应建立在学术自由与学术规范的基石之上，并协调好二者的关系。这是对高校青年教师学术行为的根本要求。学术繁荣离不开学术自由，学术的健康发展又离不开学术规范。学术腐败、学术剽窃与学术不端根本称不上学术自由，只会危害学术气氛，危及学术发展。学术自由与学术规范互相联系，相互影响，相互制衡，共同推动高校青年教师学术活动的进步与发展。高校要营造宽松的学术环境，避免不良因素对青年教师学术活动的干扰与束缚，维护青年教师学术活动的空间与权力，激发青年教师学术思维的活跃与创造。高校青年教师的学术行为要自觉服从学术规范的引导与制约，在学术规范的框架下追求真理。① 值得注意的是：必须深刻领悟国家鼓励学术争鸣、学术创新的内在要求，细致掌握学术问题与政治问题的区别与联系。对于学术问题，特别是学术前沿问题，高校教师可以大胆假设、自由畅想、认真求证，可以创新已有的观点论断，提出自己独特的见解。然而，一旦所研究的学术问题涉及相关意识形态领域时，高校青年教师就要高度注意。要有高度的政治敏锐性，坚决保证学术问题研究过程中内容的选择、表述都要严格遵循国家的有关规定，研究成果的使用也要有一定的规范，时刻牢记"学术研究无禁区，课堂讲授有纪律，公开发表有要求"的红线和底线原则，不越界不逾矩。

第四节 加强新时代高校青年教师思想政治工作的对策

中共教育部党组 2021 年 12 月印发的《关于完善高校教师思想政治和师德

---

① 朱旭. 以习近平思想为引领，构建高校师德师风建设长效机制［J］. 大学教育，2019（12）：170.

师风建设工作体制机制的指导意见》是全面贯彻习近平总书记关于教育的重要论述的重要举措，是加强新时代高校青年教师思想政治工作的行动指南。该指导意见强调，要强化党委统一领导，以正确的政治方向和价值导向引领教师思想政治素质、师德素养和业务能力全面提升。高校要成立党委教师工作委员会，研究审议学校教师思想政治和师德师风建设工作重大事项，指导相关部门开展工作。要进一步发挥党委教师工作部作用，加强相关部门协同，健全会商协调机制，建立奖惩联动机制。要压实院（系）直接责任，强化教师党支部政治功能，把教师思想政治素质和师德考评作为党支部发挥政治功能的重要抓手，在教师成长和管理各环节发挥政治和师德双把关作用。

一、建立高校青年教师思想政治素养自律机制

建立高校青年教师思想政治工作自律机制具体包括几个方面：第一，加强自身学习。加强学习，是提升高校青年教师思想政治素养的必要途径和根本方法。高校青年教师通过学习政治思想、社会公德、职业道德能健全世界观、人生观和价值观，坚定教师的职业信念、树立教师的职业理想。通过不断学习教育知识、专业理论和技能技巧，不断提升教师的职业能力，促进教师的职业发展。高校教师只有把学习和实践有效结合，才能建立良好的思想政治素养。第二，严于自我反思。自我反思，是修炼思想政治素养的重要方法与深层策略。自我反思实质上是高校教师对标各项规范，进行自我剖析，找出差距与不足，不断克服头脑中存在的不良杂念。第三，提升自律精神。高校教师的自律指其在无人监督的情况下，自己要求自己，自己管理自己，主动自觉地遵循教育方面的法律法规等，匡正自己作为教师的一言一行。高校教师自律精神形成的标志是指其不受外界约束和欲望支配，按照符合社会要求的道德规律及原则而行事。

二、建立高校青年教师思想政治素养培训机制

高校应该将青年教师思想政治素养培训贯穿于教师职业生涯的全过程。高校青年教师思想政治素培训机制包括：第一，结合教师教育课程开展青年教师思想政治素养培训。优化思想政治教育课程体系，重点加强社会主义核心价值观教育、理想信念教育、师德师风教育，教师职业道德教育、党风廉政教育、法律法规教育、学术规范教育和心理健康教育等。第二，结合青年教师岗位开

展思想政治素养培训。组织新教师入职培训、新上岗硕士研究生导师和博士研究生导师培训、各类骨干教师培训、管理干部培训等各类教师培训，将思想政治素养列为培训研修领域的重要模块。第三，结合教研工作开展青年教师思想政治素养培训。结合各高校教师学术道德守则、教育教学行为规范、科研行为规范等，对青年教师开展教育教学活动和科研学术活动进行明确规范。第四，结合实践活动开展青年教师思想政治素养培训。引导高校教师进行教学指导、科研合作、调研考察、挂职锻炼、志愿支教、社会服务等实践活动，在实践中运用优良的思想政治素养指导行动。第五，结合党组织活动开展青年教师思想政治素养培训。发挥党组织政治的优势，推动基层党组织参与思想政治素养提升工作，通过党员组织生活、专题座谈会、批评与自我批评、义务劳动等方式开展青年教师思想政治素养教育。

三、建立高校青年教师思想政治素养考评机制

高校应进一步丰富高校青年教师思想政治素养考评形式，建立健全高校青年教师思想政治素养考评机制。包括几方面：第一，健全多主体的考评机制。尊重教师自我评价，注重学生评教，引入同行评价，完善单位管理部门评价等，多维度、多视角、多层面反映教师的高校青年教师思想政治素养状况。第二，明晰高校青年教师思想政治素养规范标准和考核办法。根据高校青年教师思想政治素养的要求，结合本校的实际情况，制定相应的高校青年教师思想政治素养规范及考核评估办法。第三，强化高校青年教师思想政治素养考核结果的运用。在人才遴选、资格认证、岗位聘用、职务（职称）晋升和评奖评优等方面，将"德"作为考核的首要核心内容。对于高校青年教师思想政治素养突出的，在上述方面予以优先考虑；对于高校青年教师思想政治素养考核不合格的，年度考核评定为不合格，并在以上方面严格实行一票否决。第四，建立高校青年教师思想政治素养档案制度。将高校青年教师接受思想政治素养培训、受表彰或奖惩等情况存入个人档案。第五，规范考评程序及规则。在高校青年教师思想政治素养考评中应坚持公平、公正、公开的原则，做到形式规范，环节标准，重在激励。考评结果本着重在激励与鞭策的原则，对考核优秀的教师进行公开表彰，对考核合格的教师进行一定的鼓励，对考核不合格者应听取本人意见并说明理由。

四、建立高校青年教师思想政治素养奖惩机制

高校管理部门应该优化高校青年教师思想政治素养的奖励机制，规范高校青年教师思想政治素养的惩罚机制，积极有效地发挥奖惩制度的激励、约束与鞭策作用。高校青年教师思想政治素养的奖惩机制包括几个方面，第一，完善高校青年教师思想政治素养表彰奖励制度。各高校可以推进青年师德标兵、杰出新人、青年文明岗、教学贡献青年奖、科研贡献青年奖等各类校内先进的评选活动，加大奖励力度并进行广泛宣传。第二，健全高校青年教师思想政治素养惩处制度。明确高校教师禁行行为，对各类失范行为，依法依规分别给予警告、记过、降低专业技术职务等级、撤销专业技术职务或者行政职务、解除聘用合同或者开除；对严重违法违纪的要及时移交相关部门。

五、建立高校青年教师思想政治素养保障机制

推进高校青年教师思想政治工作，需要各方面提供强有力的保障。包括几个方面：第一，健全师德师风工作体制。建立和完善学校党委顶层领导、党政一岗双责、各部门践行落实、教师自我管理的师德师风建设的工作机制。2016年，随着中共中央、国务院印发《关于加强和改进新形势下高校思想政治工作的意见》（中发〔2016〕31号），教育部直属高校纷纷成立党委教师工作部，专职负责高校教师思想政治工作。第二，保障青年教师的合法权益。完善青年教师参与治校治学制度，在各项与青年教师工作相关的活动中，充分保障青年教师的知情权、参与权、表达权和监督权。同时，充分尊重青年教师在各项工作中的专业自主权，合理保障青年教师依法行使教学职责和学术研究的权利。为保证思想政治工作监管的公正性，应健全有力的青年教师维权机制，建立青年教师申辩、申诉渠道。第三，改善优化青年教师的生存条件。高校应关注青年教师的利益需求，努力改善青年教师的学习、工作和生活条件，比如在进修、待遇、福利、医疗、住房、子女教育等方面，最大限度地创造条件，解除青年教师的后顾之忧，为高校青年教师思想政治工作提供坚实的物质基础和保障。

第四章　教育教学能力

第一节　教师的教育能力

教师的教育能力是指教师按照个体发展和社会需要，采用相应的方式方法，提高受教育者综合素质的能力。一直以来，对于高校教师的教育能力没有直接的显性要求。然而，随着"班主任导师制""烛光领航导师制"等育人机制的不断深入，加上研究生导师队伍的年轻化趋势，研究生导师中 45 岁以下的高校青年教师占比越来越大，因此，对高校青年教师教育能力的需求也不断凸现出来。2017 年，中共中央、国务院印发了《关于加强和改进新形势下高校思想政治工作的意见》，强调"坚持全员、全过程、全方位育人"的"三全育人"理念，将专任教师正式纳入"三全育人"体系，要求增强高校教师育德意识和育德能力。2018 年教育部印发《关于全面落实研究生导师立德树人职责的意见》中，明确了导师除了科研工作之外，还需要承担立德树人职责。教育育人能力已经成为高校青年教师尤其是青年研究生导师必备的专业发展能力。

教师的教育能力包括：全面了解学生的能力，对学生进行思想政治教育的能力以及对学生进行心理健康教育的能力。

一、全面了解学生的能力

1. 把握学生整体共性

把握学生整体共性，是指教师从宏观上熟知当代大学生群体所呈现的共性特点，以便对学生个体进行教育时能具有针对性和可操作性。①

---

① 罗树华，李洪珍．教师能力概论［M］．济南：山东教育出版社，2001：49.

（1）把握当代大学生综合素质较高、自我意识强的特点。当代大学生出生在我国经济高速发展的时期，生活在物质富裕充足、社会文化多元化的环境。由于他们的父母多出生于 20 世纪 70 年代，普遍受过高中及以上教育，也更重视孩子个体的发展。因此当代大学生在成长过程中，普遍接受过兴趣与特长培养，总体上综合素质较高。由于享有较好的物质条件和教育条件，当代大学生也更多呈现出坦率直接的性格特点，自我意识特别强烈。他们深受以人文主义和科学精神为表征的现代文明的洗礼，较少受到传统伦理观念的束缚，表现出鲜明的主体性特征。新时代大学生高扬的自我意识既得益于开放包容的社会"大环境"，又受益于"尊重学生主体地位"的教育"小环境"。受这种"大环境"与"小环境"的共同熏陶，当代大学生表现出强烈的自我意识，也带有打破常规的反叛精神。在校期间，有时会利用各种方式，甚至是不正确的方式方法展现自己强烈的自我意识。

（2）把握当代大学生抗压能力较弱、心理成熟滞后的特点。当代大学生群体从小的生活模式多为父母为其规划好各方面的生活，让他们回避了磨难和挫折。进入大学后，离开父母羽翼的他们不具备应对挫折的能力，甚至很多父母依然"包办"孩子的生活，孩子遇到一点困难磨难时父母第一时间赶到学校为其解决，致使很多孩子在生活中遇到问题不会自己寻找方法解决克服，一旦遇到挫折很容易被击倒，从而引发众多心理问题。

（3）把握当代大学生对网络技术和工具依赖严重、缺乏自制力的特点。当代大学生告别了学习任务繁重的中学阶段后，在相对宽松自由的大学生活中，逐渐开始放松自我要求。加之新媒体时代，网络已融入大学生吃、穿、用、住、行，成为学生学习和生活不可缺少的工具，导致大学生对新媒体表现出习惯性依赖，自制力缺失，严重影响正常学习和作息，扎实用功学习的劲头减弱，有些甚至出现网络成瘾等不良行为。

2. 了解学生单体个性

了解学生个体，是指教师从微观上深入了解学生的个性特征、爱好特长、理想目标、道德行为等，以便因材施教、有的放矢。①

（1）了解学生个体的心理需求和理想目标。学生个体的内心需求和理想目标因家庭背景、成长经历、教育环境、性格特点等原因而各不相同。到了大

---

① 罗树华，李洪珍 . 教师能力概论 ［M］. 济南：山东教育出版社，2001：51.

学阶段，学生最基础的世界观和价值观基本形成，但对自身的人生观和职业规划还处在探索和懵懂阶段。通过了解不同学生的心理需求和理想目标，满足他们的心理需求，引导他们树立适合个人发展的人生观和职业规划，激发学习热情，走向成才之路。

（2）了解学生个体的思想表现和品行修养。大学阶段，学生的思想表现和品行修养也已经基本成型，不同的学生层次差别很大，有的学生安分守己却不热心助人，有的学生耿直踏实却过于执拗刻板，有的学生擅长交际却漂浮散漫，有的学生勤奋努力却内心迷茫。教师要深入细致地观察了解，才能正确把握其思想脉络、行为倾向，进而给予有效的引导或纠正。

二、对学生进行思想政治教育的能力

对大学生进行思想政治教育主要包括以下几方面内容：强化理想信念教育、强化道德法纪教育和强化集体主义教育。

1. 强化理想信念教育

（1）强化社会主义核心价值观教育。社会主义核心价值观是结合当今时代的发展要求，从中华优秀传统文化中提炼出来的精髓，有着特定的历史底色和精神脉络，是社会发展进步、建设中国特色社会主义现代化强国的精神指引。它不仅确立了国家价值目标，树立了社会价值导向，还从个人层面规定了公民的价值准则，是个人成长成才、实现人生价值的最好遵循。高校青年教师应当树立责任意识，悉心教育引导青年，按照新时代立德树人的教育根本方针，加强青年的核心素养培育和精神品质塑造，为青年大学生注入精神之"钙"，帮助他们扣好"人生第一粒扣子"。①

（2）强化马克思主义理论信仰教育。习总书记指出，马克思主义是人民的理论、科学的理论、实践的理论、发展开放的理论。马克思主义理论具有特有的崇高性、科学性和指导性，是人们认识世界、看清问题，以及分析解决问题的基础性理论，是开展一切工作的指导思想。高校青年教师要强化学生对马克思主义基本理论的灌输和接受，树立其崇高理想信念，提高其政治素养和精神境界，处理好大学生个人与国家、与社会、与他人的关系问题和人生的基本问题，引导他们运用科学的理论体系来指导自己的人生道路，成为坚定的马克

---

① 沈壮海，等. 思想道德与法治［M］. 北京：高等教育出版社，2021：126.

思主义信仰者和中国特色社会主义事业的接班人。

2. 强化道德法制教育

（1）加强社会道德教育。青年大学生走出校门后步入社会，要践行正确的道德认知、自觉的道德养成、积极的道德实践，不断修身立德，打牢道德根基，注重公共规范和要求的学习，遵守社会共同的行为规范和习惯习俗，以此赢得社会大众的信任和认可。高校青年教师要按照"教书育人""立德树人"的根本要求，多方向、多层面、多角度加强青年大学生的社会道德教育，从做好小事情、管好小细节、取得小成绩开始，对大学生开展系统性的道德教育和能力培养，帮助青年大学生更好地融入社会生存环境，成为有道德、知礼数、讲文明、有修养的时代新人。

（2）加强法纪法规教育。在当今全面推进依法治国、建设法治国家的新形势下，普及青年大学生的法律知识，加强法纪法规教育意义重大。高校青年教师要帮助大学生树立法律意识、法制观念和法治思维，促使其掌握法律知识，懂得适时运用法律手段进行合情、合理、合法的个人诉求；通过社会实践和案例学习，养成守法习惯，提高法律修养，为大学生的成长成才打下稳固的人生基础。

3. 强化奉献协作教育

（1）培养奉献精神。在当今物质生活条件下，许多大学生的吃苦思想、奋斗精神、奉献意识逐步出现弱化和淡化，工作怕吃苦，做事讲回报。高校青年教师要有意识地培养大学生的奉献意识和奉献精神，要引导大学生正确看待苦和乐、得和失、荣和辱，让他们在奉献集体、服务他人过程中，深刻感受到心灵上的自我满足与快慰，从而在内心深处自觉萌生出奉献社会、为民服务的思想意识。

（2）树立协同意识。现今大学生个性突出，有的不愿受到集体约束，不喜欢参与集体活动，有的在集体活动中又极度追求个人表现，甚至为了凸显自己能力而不惜违反集体原则和组织纪律等，这些都是缺乏集体协同意识的表现。高校青年教师要鼓励学生主动融入集体组织，正确处理好"小我"与"大我"的关系，懂得"独木难成林"的人生道理，汇聚集体力量，获得更大成绩和更高荣誉。

三、对学生进行心理健康教育的能力

近年来，一些高校大学生犯罪事件引发全社会关注，让人惊讶叹息的同

时，也充分暴露出当前一些大学生心理健康方面的严重问题。加强大学生心理健康教育已经刻不容缓，高校青年教师需要具备对学生进行心理健康教育的能力。

1. 引导树立积极健康的心态

大学生正处在人生的起步阶段，在学习、生活、工作方面常常会遇到各种各样的困难和苦恼，感觉压力大，内心焦虑不安，情绪低落，甚至产生对生活的恐惧和绝望。高校青年教师在与学生的日常交流中，要及时了解情况，做好思想疏导，帮助他们树立起生活信心，消除其挫败感，教育他们学会用长远的眼光看问题，树立起正确的人生观、价值观、得失观、荣辱观、苦乐观，在为人处事中养成豁达大度、宽宏大量的胸怀，不可因一时一事纠结于心，耿耿于怀，郁郁不乐，以乐观豁达的心态面对学习、生活、心理上的难关，激发他们热爱生活、积极进取、向往未来、追求梦想的精神勇气，使他们成为有意志、有毅力、有追求、爱上进的阳光青年。

2. 引导养成健全完善的人格

大学生正处于人格发展和完善的重要时期，经济发展和社会变化中纷繁复杂的价值观念对大学生人格的形成产生巨大冲击，大学生群体中出现焦虑、抑郁不安、情绪暴躁等情绪表现日益增多。高校青年教师要高度重视学生的"成人"教育，以人作为出发点和落脚点，引导学生养成独立健全的人格。鼓励学生用知识丰富自己的人生，培养自身对事物的独到见解，不盲从，不偏激，不人云亦云；鼓励学生与他人建立良好的社会关系，接受自我，接受他人，悦纳他人，为他人悦纳；鼓励学生关注自己的人格状况，把握对自我的客观认知，积极主动地塑造自己，逐步使自己的人格走向健康、完善。

第二节　教师的教学能力

教学是以知识、技能、道德伦理规范等为媒介的师生相互作用的双边活动，教学能力是在这样的双边活动中对教师地位与作用起决定作用的重要因素，[①] 是影响教师教学效果最直接、最明显、最具效力的因素。关于教学能力

---

① 申继亮，王凯荣. 论教师的教学能力 [J]. 北京师范大学学报（人文社会科学版），2000（1）：64-71.

的定义，研究者们从心理学、教育学、组织行为学、社会学等学科视角对其进行了界定。

心理学视角的教学能力，定义为"教师为达到教学目标，顺利从事教学活动所表现的一种心理特征"。顾明远先生主编的《教育大辞典》中指出，"教学能力由一般能力和特殊能力组成，一般能力指教学活动所表现的认识能力，特殊能力是教师从事具体教学活动的专门能力。教学能力具有综合性、专业性、发展性的特点"。[①] 从心理学视角对教学能力进行的定义，其核心是强调教学能力是一种教师从事具体教学活动的专门能力，兼具一般性和特殊性、科学性与艺术性、隐性和显性等心理特征，是教师有效教学所需的知识、技能、态度的有机结合。简而言之，心理学视角的教学能力通常被认为是一种专业化的综合性的心理特征，是融教师的教学态度、教学知识、教学技能于一体的能力集合。

教育学视角的教学能力，其核心是认为"教学能力是教师应普遍具有的运用特定教材从事教学活动、运用教学技能完成教学任务并达成教学效果的能力，是教师运用已有的教学理论知识通过练习而形成的稳固、复杂的教学行为系统"，强调教学是教学各环节起承转合的有机结合，应通过不同教学环节中不同教学技能的有效发挥，如教学前的教学设计能力、教学中的教学组织与实施能力、教学后的教学反思与评价能力等，来促进整个教学过程的有效性。简而言之，教育学视角的教学能力通常被认为是教学技能的集合，是教学行为在技能层面的反映。

组织行为学视角的教学能力，其前提是认为教学是教、学双方构成的特定组织的一种专业化的行为活动，进而认为教学能力是保障这种行为活动顺利有效进行的能力，主要包括教学计划能力、教学组织能力、教学指导能力、教学协调能力和教学控制能力。组织行为学视角的教学能力界定与教育学视角的教学能力界定有一定的相似之处，但其区别在于：前者认为教学是特定教学组织的双边活动，强调双边活动中人际关系对教学成效的影响，立足于通过改善人际关系来促进教学成效的提高；后者认为教学是各教学环节起承转合的有机结合，强调通过不同教学环节中不同教学能力的有效发挥来提高整个教学过程的有效性。

---

① 顾明远. 教育大辞典 [M]. 上海：上海教育出版社，1998：180.

社会学视角的教学能力，强调教师和学生的"社会人"角色及相互独立性、课内教学与课外教育的同等重要性，强调教学对学生自我的唤醒、兴趣的激发以及自主学习能力的提高，对教师自我教育能力和社会适应能力的调适，以及对教学组织和谐关系的构建等均具有重要作用。简而言之，从社会学视角看，教学能力是教师充分利用和挖掘教学环境中的有利因素促进教学组织及其成员良性运行和协调发展的综合能力。

本书研究对象聚焦高校青年教师，既包括对高校青年教师教学实践能力的关注，还包括对教师教学研究能力的考察。因此，本书所指的高校青年教师教学能力是指高校青年教师开展教学活动的能力以及对教学问题进行系统研究所需要的教学学术研究的能力，包括五个方面：教学设计能力、教学实施能力、教学评价能力、教学反思能力和教学研究能力。

一、教学设计能力

教学设计是一个理论与实践相统一的过程，是在一定理论指导下的指向教学实践的行为。教师在进行教学设计时，需要对所教学科及其教学论、学习论、课程论等知识再一次学习、更新、表达与表现。它有助于提高教师的理论素养，促进教师的专业发展。教学目标设计、教学起点设计、教学内容设计、教学手段设计和教学结构设计构成了教学设计的全过程。

1. 教学设计能力需要寻求专业知识与教学知识的融合

教师自身知识结构直接影响教学设计能力。教师知识体系中除了专业知识外，还需具备学科教学知识，以及其他有助于提升自身素养的知识。教师在进行教学设计活动中，既要知道"教什么"，又要知道"怎么教"。

"教什么"是教师需要掌握所教学科及相关的内容。要讲好一门课，教师需要具备精深的专业知识，这是教师站稳讲台的基础，也是确保教学内容科学合理的前提。"教什么"的设计就是教学内容的设计。教学内容设计是教师认真分析教材、合理选择和组织教学内容、合理安排教学内容的表达和呈现的过程。教学内容设计的过程也是教师对所教学科专业知识的再一次学习、研究的过程，包括对相关学科知识的学习与参考。教师可以通过参加本学科领域的学术会议，撰写相关领域学术论文，不断加强专业知识的汲取与升华，保持对本学科专业领域前沿问题的敏感性。

"怎么教"是教师需要掌握教育教学的方法，"怎么教"的设计涉及教学方法、手段、媒体等方面，需要具备丰富的学科教学知识以及其他有助于提升自身素养的知识。学科教学知识是吸引学生、启发学生思维的重要支撑，学科教学知识的运用是一门让学生便于理解和吸收专业知识的艺术。教师可以通过参加教学研讨会议，主持教学研究课题或者撰写教学改革论文，深入思考现代教育教学理念如何融入课堂教学，如何有效激发学生积极思维，这一过程是专业知识在课堂教学领域的运用过程，也是作为学习者的教师在实践中重新建构知识体系的过程。

教学设计是以学科专业知识为对象，在通识文化知识的帮助下，以现代教学理论、系统科学的原理与方法、教学的实际需要、学生的需要、教师的教学经验为依据的设计活动。① 因此，教学设计的过程有助于教师学科专业知识、通识文化知识、教育理论知识以及个人实践性知识的拓展。首先是知识量的拓展，即教师要不断更新知识、补充知识、扩大自己的知识范围。其次是知识质的深化，即从知识的理解、掌握到知识的批评，再到知识的融合创新。最后是知识结构的优化，以广泛的文化基础知识为背景，以精深的学科知识为主干，以相关学科知识为必要补充，以丰富的教育科学知识和心理学知识为基本知识边界的复合性的主体知识结构。通过不断地实践探索，找到专业知识点讲授与教学法知识具体运用的结合点，实现专业知识与教学知识的有效融合。只有专业知识、学科教学知识以及其他提升自身素养的知识高效融合才能使教师知识结构趋于完善，在教学实践中游刃有余。

2. 教学设计能力需要教师个性化创新与反思

教学设计本身就是一种基于对学生发展状况的研究、对学科教学内容的研究、对教学措施的研究、对教学组织形式的研究、对教学评价的研究而对教学做出的规划、安排与决策。教学设计是一个创造性的过程，是一个反思的过程，也是一个个性化的过程。

在教学设计过程中，教师根据课程内容和经验选择合适的教学方法、手段、策略，并进行教学时间的安排和教学结构的设计，是基于原有教学内容的创新。同时，教学设计还需要在以往教学设计的基础上不断反思，进而不断创新。经过持续不断的螺旋式教学设计的过程，教师的教学设计能力和教学质量将会达到新的高度。从这个意义上说，教师的教学能力是在教学设计过程中通

---

① 姚美雄，等. 教师素质训练和专业发展研究［M］. 成都：四川大学出版社，2018.

过教学设计活动而不断提升的。

在教学设计过程中，教师根据自己的志趣、能力与个性以及教学实践过程形成的知识、观念、价值体系与教学风格来设计创造并体现符合自己兴趣、能力与个性的独特的教学风格。教学设计的过程对于教师是一次次教学活动的自我预演和练习，教师要预设教学双方在一个特定的时间段，围绕什么主题，开展哪些交流，探讨哪些问题，得到什么结果。经过这个充满教学智慧和教学策略的设计过程，教师形成积极的自我意识、自我体验以及对学生学习状态的认识。

因此，高校青年教师应该研究、交流、实施、总结自己教学设计的思路和风格，并不断坚持走研究、设计、交流、实施、反思、交流、改进等循环往复的连续性道路。这样的过程，是教师的教学能力不断提高和创新的过程，也是教师专业发展的畅通路径。

二、教学实施能力

1. 语言表达能力

教师的语言表达能力，是指教师把自己的思想、知识、信念和情感，通过语言和表情动作传递给学生的能力。语言是教师的教学工具，教师向学生传道、授业、解惑，师生间的信息传递和情感交流都以语言为凭借。教师的语义表达要清楚，语音语调要抑扬顿挫，富有节奏感，语言应生动易懂，具有启发性，能引起学生的思考和兴趣。① 有的老师讲课娓娓动听，很有吸引力和感召力，而有的老师讲课用语干瘪，学生听着无趣。教师的语言表达能力直接影响着学生的学习情绪，影响着教师主导作用的发挥，影响着教育教学质量的高低。不同学科所要求的教学语言也有所不同。理工科课程的教学语言要科学准确、简洁明了，用词上更注重客观性和逻辑性；人文社科课程需要更多体现出教学内容所表现或诠释的思想感情，注重语言的感性意识。

（1）规范准确，富有示范性。教师向学生传授的知识，应具有严格的科学性。只有用准确规范的语言表述，才能保证知识传授的正确性。词不达意或模棱两可的语言，会干扰知识的传授，造成学生思想混乱，影响教学效果。因此，教师应抓住关键，突出重点难点，对每一个词句都斟酌推敲，做到言简意

---

① 王德清．课堂教学管理学［M］．成都：西南师范大学出版社，2009．

赅、干脆利落、意尽言止。此外，教师的教学语言是传输知识的工具，也是学生模仿、学习的样板，对学生有强烈的示范性。

（2）生动形象，富有趣味性。课堂教学语言的生动形象，是指既诙谐幽默、活泼有趣，又浅显易懂、深入浅出。教师语言的生动形象幽默能增加讲授内容的形象性和鲜明性，激起学生的再造想象和创造想象，有助于学生的记忆和理解，提高教学效果。

（3）点拨启发，富有激励性。启发学生积极思维，使学生产生心理上、情绪上的催化和激励作用，是教师语言能力的出发点。教师语言要有启发性，要留有余地，创设让学生充分发挥想象力的语言空间；教师语言还要有激励性，用热情洋溢的语言去肯定学生、激励学生，使他们参与教学、积极互动，并进行创造性的思考和探索。

2. 课堂掌控能力

课堂教学掌控力是在课堂教学的过程中，教师根据自己的教学理念，运用各种教学方法和教学手段，将教学活动纳入预定的轨道和环节，维系正常的教学秩序，对教学对象实施教育，完成计划教学任务，实现教学目的的能力。课堂掌控能力的强弱，是决定课堂教学效果最关键的因素。

（1）教学方法灵活多变。教学方法是实现教学目标、完成教学任务的手段和途径。方法得当，可以取得良好的教学效果；方法不当，则影响教学目标的实现。教师要根据教学内容、自身教学风格及学生群体的特点，选择合适的教学方法，适应教学的需要，将调动学生学习积极性和充分发挥教师主导作用完美结合。教学方法的灵活运用要以充分考虑学生的需要、兴趣、知识体验及情绪状态为前提，以能否满足学生的需要、激发学生的兴趣、为学生所接受为条件。只有这样，才能充分调动学生的积极性，集中学生的注意力，从而有效控制课堂教学。

（2）教学节奏张弛有度。教学节奏是指教学过程中对教学内容进度把握的快慢、缓急和张弛。教师要根据课堂教学的实际情况，合理、均衡地分布重点与非重点、难点与非难点，维持教学活动有效进行，流畅地衔接教学活动，体现教学进程的层次性。

（3）教学反馈敏锐得体。教师在课堂上要注意观察学生的表情，悉心倾听学生的回答，认真查看学生的书面练习，并给予及时准确的判断和评价，使学生得到心理上的满足，从而转化为学习动力。同时，教师通过观察学生的反应，判断自己的教学方法和教学节奏是否合适，从而确定是否需要进一步启发和推动，或者是否需要及时调整教学方法。学生不仅是教师教学活动的"鉴赏家"，更是参与者。他们思维活跃，可能提出各种匪夷所思的问题，有的甚至质疑或挑战教师的权威。这种时候，教师的积极反馈和谦虚平和的态度既能达到教学相长的目的，也能赢得学生的尊重，促进师生关系的和睦融洽。

三、教学评价能力

教学评价是以教学目标为依据，制定科学的标准，运用一切有效的技术手段，对教学活动的过程及结果进行测定、衡量，并给以价值判断。教学评价的目的是促进学生的学习效果和提升学生的学习能力。[①] 因此，本章节所讲的"教学评价能力"是教师教学活动的一部分，是教师了解学生的"学"和自身的"教"的重要方式。

评价是为了发挥激励作用，关注学生成长与进步的情况，并通过分析指导，提出改进计划来促进学生的发展。评价的功能不只是检查学生知识、技能的掌握情况，更是关注学生掌握知识、技能的过程与方法，以及与之相伴的情感态度与价值观的形成。通过教学评价，不仅关心学生的学业成绩，也要关注多方面的发展，如积极的学习态度、创新精神、分析与解决问题的能力以及正确的人生观、价值观等，从考查学生学到了什么，到对学生是否学会学习、学会生存、学会合作、学会做人等方面进行考察和综合评价。

1. 形成性评价

形成性评价是指通过观察、活动记录、学生评价表、测验、问卷调查、咨询等形式对学生学习进行的持续评价。它是伴随学习过程进行的，目的是向师生提供学习状态和进程反馈信息，从而有助于他们调节教与学的活动。形成性评价关注学习过程，通过改进学习过程来提高学习效果，既是一种评价手段，也是一种学习方法。课堂教学一般采用以教为主的形成性评价和以学为主的形成性评价。

（1）以教为主的形成性评价。以教为主的形成性评价采用测试、调查和观察的方式收集反映课堂教学效果的信息，教师根据信息反映出的教学情况做出即时反馈和调整。测验适用于收集认知类目标的学习成绩，调查适用于收集

---

① 何荣杰，张明艳. 课堂教学设计［M］.北京：北京邮电大学出版社，2014.

情感类目标的学习成绩，观察适用于收集技能类目标的学习成绩。其中，测验是最重要最常用的教学评价手段。

（2）以学为主的形成性评价。以学为主的形成性评价的实施依靠学生的自主探索、自主发现，一般采用小组对个人的评价和学生个人的自我评价两种方式。评价实施过程中，让学生尽量保持轻松愉快，从而客观地反映出每个学生学习的实际效果。根据小组评价和自我评价的结果，可以为学生设计出一套可供选择并有一定针对性的指导意见和学习清单，帮助学生进一步理解和掌握课堂教学的内容。

2. 总结性评价

总结性评价是在一个阶段的教学完成后评定这一阶段的学习结果，目的在于评定教学目标的达到程度，检查教学工作的优劣，考核学生的最终成绩，把握教学活动的最终效果，给出教学与学习的最终评价结论。总结性评价又称为事后评价，关注的是教与学的结果，对教学实施的有效性做出评定。学期末或学年末进行的各科考试、考核都属于总结性评价，目的是检验学生的学业是否最终达到了各科教学目标的要求。考试有笔试、口试、课程论文、现场实操等多种方式。评价结束阶段，教师需将评价过程和结论进行全面的总结，提出建议，并将结论反馈给学校教学管理部门和学生。

四、教学反思能力

结合教师专业发展的要求，教师需要同时扮演两种角色：一是作为教学实践者在课堂上实施教学活动；二是作为教学研究者对自己的教学实践进行反思。教学反思的过程实际上是教师把自己作为研究对象，研究自己的教学观念和实践，反思自己的教学行为、教学观念以及教学效果。教学反思是教学能力提升的基础，是教师进行教育教学研究最直接、最有效的切入点，可以克服教师在教学中的思维惯性，不断更新教学观念，改善教学行为，提升教学水平，提高教学质量。高校青年教师应养成自觉进行教学反思的良好习惯，在教学实践的过程中不断体会、追问和总结，才能逐步摸索教学规律，提升教学能力。教学与反思相结合、教学与研究相结合，让教师成为教学和教学研究的主人。

教学反思以探究和解决教学问题为基本点，从教学设计、实施、技术及伦理等层面，思考教师实施过程中教学主体、教学目的、教学设计、教学工具等方面存在的问题，思考解决问题的方法并在解决问题的过程中使教学过程更优化，取得更好的教学效果。教学反思的过程是教师对自己教学行为的思考与研究，对自己在教学中存在的问题不断进行回顾，运用教学标准中的要求不断自我检验，追求教学全过程的合理性。

1. 拓展教学反思的内容

教学反思的覆盖内容很广，教学过程中每个环节和细节都可以进行教学反思。针对高校青年教师，最为重要的是对教学思想和教学实践的评价、反馈与调节，通过教学反思来总结教学过程的成果，寻找教学过程的不足，从而实现教学水平的提升。为拓展教学反思的内容，主要有三种教学反思的方式：

（1）教学反思日志。教学反思日志是高校青年教师进行个人教学反思最简单实用的方式。教师将自己的教学手段和教学方法进行梳理，观察学生在教学过程中的各种反应，对自己的教学水平做出最直接的评判。教学反思日志经过积累和沉淀，可转化成具有学术意义的教学研究资料和论文。

（2）教学观摩。高校应该给青年教师提供更多教学观摩的机会。教学观摩可以为教师提供一个良好的反思环境，促进青年教师在教学经验丰富的骨干教师的课堂上吸收经验、汲取营养，学习教学方法和手段，并进行观摩后的反思和分享，为提高自身教学水平提供实践参考。

（3）教学研讨。教学研讨的实质是将个体教师的自我教学反思升级为教师群体的集体教学反思。通过开展教学研讨活动，在同行交流、辩论、研讨的过程中积累、深化和创新教学知识，充分发挥教研室、教学团队的群体优势，将具有代表性的个体反思活动延伸为具有普遍性的集体反思实践，将其明确化、规范化、制度化，将其转化为教师专业成长的一种重要方式。

2. 教学反思要保证其连续性

对于高校青年教师来说，他们从事教育教学工作时间还较短，正处于专业发展的探索阶段，对教学工作的理解和思考尚未达到成熟水平，此时的教学反思可以分析出自己的教学工作存在哪些不足，以审视的眼光观察自己的教育理念和教学方法，对待教学和学生的态度、言行和情感能否达到高等学校人才培养的基本要求，从而有针对性地补充和丰富自身理论知识，并在实践中不断检验和完善自己的教学能力，提高教学水平。教学反思是一个持续的学习过程，不可浅尝辄止，需要日积月累，持之以恒。青年教师只有持续不断地实践、反思，根据学生的专业、年级及课程内容的差异，采取不同的教学方式，才能促使教学能力的不断提升。

五、教学研究能力

1990 年，美国教育家博耶首次提出"教学学术"这一概念，从学术的视角来审视教学，倡导在教学实践的过程中发现教学问题、研究教学问题、创造性地解决教学问题，并产生研究性和创造性的可见成果，供同行交流和评价。因此，教学活动成为一种学术研究的过程，教学研究成为教育质量发展的助推剂。

教学研究是以提高教学水平、发展教学能力为目的，是解决教学中的问题、揭示教学规律、为提高教学质量提供理论依据和实践指导的活动。与传统的教育理论研究不同，教学研究以教师自己的教学实践为基础，采集来自教学实践的数据，对教学活动进行研究。在教学研究中，教师既是研究者，也是被研究对象，研究的内容就是自己的课堂教学工作。

高校青年教师的教学研究能力首先表现为对亲历的教学实践活动以及发生的教学现象的探究分析，检视教学工作中需改进的地方，形成系统的理性思维；高校青年教师的教学研究能力进一步发展则是对新的教育教学问题、思想、方法等多方面的探索和创造能力，运用多方面的知识和技能，形成解决新问题的能力；高校青年教师的教学研究能力的终极目标是结合自己的学科和专业特点，通过教学研究，寻找和拓展更适合课程内容的教学方法和思路，实现更好的教学效果，达到自身专业发展水平的进一步提升。

1. 教学研究要寻找发现有价值的研究主题

（1）摒除误区。受当前高校职称和人才评价指标的导向，高校青年教师在思想观念上对教学研究存在一些误区。误区之一是对教学研究重要性的认识不够。一些高校青年教师从思想上偏重科学研究，轻视教学研究，片面认为课堂教学已经足够，教学研究可有可无。误区之二是对教学研究存在畏难情绪，认为自身知识和经验储备不足，对教学研究的逻辑和特点缺少深刻的学习和理解。误区之三是急功近利，盲目追求教学研究项目的"高大上"，一心只想申报"国家级""省级"教研项目，却忽略了从提高教学质量、提升教学水平的方向寻找教研项目的研究主题。

（2）发现问题。高校青年教师在教学中会产生困惑和问题，迫使其想方设法去解决、研究，于是就有了选题的雏形。在选题、方案设计、研究实施、结果表达以及实践应用等研究过程中，教师要主动培养"问题意识"，积极捕捉教学中的问题，将现实中发现的问题向研究问题转化，努力拓展自己的研究思路，思考如何运用理论知识去解决实际教学问题，从而在教学研究中实现教学能力提升。

（3）找准方向。目前，高校青年教师在教学研究中比较突出的问题是，不知如何找准高质量的研究主题，设计合理的教学研究项目，用合适的数据收集和分析方法得出信度与效度兼备的研究发现，进行有价值的研究讨论与结论，并将研究成果在教学及更大范围进行有意义的推广。针对于此的有效措施是增加高校青年教师对教学研究的理解、对自我及他人教学的观察、对教学实践的反思，合理设计数据收集与分析的方法，科学选择研究方法，结合教育教学的基础理论，寻找具有研究意义和推广价值的教学研究主题。

2. 教学研究要将"教"与"学"都纳入研究范围

（1）立足课堂，寓研于教。高校青年教师以实践中遇到的教学问题为中心，将教学过程作为教学研究的内容，将教学研究贯穿于教学设计、教学实施、教学评价与反思等教学过程的各个环节，寓研于教，以研促教。教学实施的过程是教师基于研究设计开展研究的过程，也是信息收集的过程。在教学实施过程中，教师需要及时观察和反思：观察自己的教学方法、教学思路并进行自我监控，观察自己使用的教学方法和策略是否达到了预期的效果，观察学生的学习状态、思维方式、现场反馈，摸清学生对学习策略的选择及学习效果的变化。

（2）总结经验，以研促教。将教学中发现的问题现象及思路策略详细记录，形成改进教学行为的方案，应用于以后的教学实践，并在应用验证的过程中再记录新发现，形成新思路，如此循环往复，不断积累，归纳总结上升到理论高度，以科研报告、学术论文或理论著作等方式呈现出来，在一定范围内交流和推广，营造教学相长、以研促教的学术氛围。

3. 构建教学研究共同体

充分发挥教研室、教学团队、院系所及校级教师教学发展中心等教学研究群体机构的优势和力量，以开放的心态，与教师同行和学生开展互动研究，实现学科的融合，激发研究创新的火花，为高校青年教师教学研究创造积极活跃的研究氛围，鼓励越来越多的高校青年教师参与到教学研究中来，让越来越多的高校青年教师掌握教学研究的思路和方法，掌握可持续发展的教学研究工具，让各类教学研究的奖励和经费真正投入到提高教学质量和提升教学研究能力中，用高质量的教学研究提高教学水平。

第三节　教育信息化的能力

2018 年，教育部提出了"教育信息化 2.0 行动计划"，指出人工智能、大数据、区块链等技术迅猛发展，将深刻改变人才需求和教育形态。智能环境不仅改变了教与学的方式，而且已经开始深入影响到教育的理念、文化和生态。教育信息化的本质是通过信息技术的推广和应用引起教育系统全方位的变革，从而实现传统教育形态向信息化教育形态的转变。然而，经过多年的探索实践，信息技术对教育的革命性影响已初步显现，但与新时代要求仍存在较大差距。数字教育资源开发与服务能力不强，信息化学习环境建设与应用水平不高，教师信息技术应用能力基本具备但信息化教学创新能力尚显不足，信息技术与学科深度融合不够。没有信息化就没有现代化，教育信息化是教育现代化的基本内涵和显著特征，是"教育现代化 2035"的重点内容和重要标志。①因此，我们提出高校青年教师的"教育信息化能力"，并将其与教育能力、教学能力并列作为教育教学能力的组成部分，用一个小节的篇幅详细论述。

教育信息化能力是指教师在现代教育教学理论指导下，以信息技术为支持，利用教育技术手段进行教育教学的能力。教育信息化能力是一种综合能力，包括应用信息技术的能力、协作教育教学的能力以及促进学生学习的能力。信息技术为教学方式提供了技术支持，也对高校青年教师的教学能力提出了新的要求。高校青年教师教育信息化能力的提升不仅是教师的个人诉求，更是整个国家、整个社会、这个时代提出的要求。

一、信息化教学资源的开发与运用能力

信息化教学资源是指经过数字化处理，可以在信息设备上或网络环境下运行的、可以实现共享的多媒体学习材料。随着以大数据技术、人工智能及多媒体技术为核心的信息技术在教育领域的普及应用，信息化教学资源已经成为当今教育资源的一种重要形式。根据最早的《教育部教育资源建设技术规范》，信息化教学资源主要包括九类：媒体素材（包括文本、图形与图像、音频、

---

① 中华人民共和国教育部. 教育信息化 2.0 行动计划 [S]. 北京，2018.

视频和动画)、试题库、试卷、课件与网络课件、案例、文献资料、常见问题解答、资料目录索引和网络课程。另外,还可根据实际需要,增加其他类型的资源,如电子图书、工具软件和影片等。这些信息化教学资源可概括成三大类型:一是素材类教学资源,即前面所说的教学素材;二是集成型教学资源,即根据特定的教学目的和应用目的将多媒体素材和资源有效组织形成的和复合型资源,常见的形式有试卷、试题库、文献资料、课件与网络课件、专题学习网站、教学软件等;三是网络课程。①

网络课程作为当前信息化教学资源中最受关注的形式,对教育信息化的发展产生了巨大影响。网络课程是通过网络表现的某门学科的教学内容及实施的教学活动的总合,是信息技术时代课程新的表现形式。它包括两个组成部分:按一定的教学目标、教学策略组织起来的教学内容和网络教学支撑环境。其中,网络教学支撑环境特指支持网络教学的软件工具、教学资源以及在网络教学平台上实施的教学活动。网络课程具有交互性、共享性、开放性、协作性和自主性等基本特征,MOOC、微课、SPOC、"雨课堂"是几种不同形态的代表。

MOOC 即大规模开放在线课程,是"互联网+教育"的产物,实现了互联网教育与传统教学模式的"有机"结合。它具有 massive(大规模)、open(开放)、online(在线)、高质量等特点。学生通过 MOOC 平台在海量学习资料里选择适合自己的课程,不受时间、地点、学位、学科及培训费用的限制,实现了从传统课堂学习模式到多元学习途径的转变。

"微课"是指运用信息技术按照认知规律,呈现碎片化学习内容、过程及扩展素材的结构化数字资源。微课的核心组成内容是课堂教学视频,同时还包含与该教学主题相关的教学设计、素材课件、教学反思、练习测试及学生反馈、教师点评等辅助性教学资源。它们以一定的组织关系和呈现方式共同"营造"了一个半结构化、主题式的资源单元应用"小环境"。因此,"微课"既有别于传统单一资源类型的教学课例、教学课件、教学设计、教学反思等教学资源,又是在其基础上继承和发展起来的一种新型教学资源。

SPOC,英文全称为 Small Private Online Course,是小规模限制性在线课

① 中华人民共和国教育部.教育资源建设技术规范(征求意见稿)[S].北京,2001.

程，small 和 private 是它的特点。SPOC 一般是由本校教师录制的更符合学生认知特点的视频，它与学生的贴合度更高，并且可以在 MOOC 教学资源基础上进行重组、改造、完善，兼顾慕课的优点又能弥补慕课与本校教学相异的地方。但是 SPOC 往往缺乏有效的管理机制，并且组织无序。

"雨课堂"是由学堂在线与清华大学在线教育办公室共同研发，旨在连接师生的智能终端，将课前—课上—课后的每一个环节都赋予全新的体验，最大限度地释放教与学的能量，推动教学改革。雨课堂将复杂的信息技术手段融入手机终端，在课外预习与课堂教学间建立沟通桥梁，让课堂互动永不下线。使用雨课堂，教师可以将带有 MOOC 视频、习题、语音的课前预习课件推送到学生手机，师生沟通及时反馈；课堂上实时答题、弹幕互动，为传统课堂教学师生互动提供了完美解决方案。雨课堂科学地覆盖了课前-课上-课后的每一个教学环节，为师生提供完整立体的数据支持，个性化报表、自动任务提醒，让教与学更明了。①

1. 信息化教学资源的开发原则

（1）教学性原则。信息化教学资源的开发要符合教育教学的规律，符合学生的认知水平，体现学生的认知特点，满足教与学的需要，符合教学大纲的基本要求。因此，信息化教学资源在内容上要脉络清晰、简明扼要，用合适的媒体元素恰当表现教与学的内容。

（2）科学性原则。信息化教学资源既要生动、活泼、有趣，又不能违背科学的基本原则。因此，信息化教学资源中的各种操作必须规范、准确，选用的材料、例证和逻辑推理必须是科学、符合客观规律的；所表现的图像、声音、色彩都要符合科学的要求，不能为片面追求色彩的艳丽、声音的悦耳、画面的生动而破坏其内容的真实性。

（3）艺术性原则。信息化教学资源的内容力求反映自然和社会生活中真善美的事物，画面构图要清晰、连贯、流畅，音乐与声音要悦耳愉悦，光线与色彩要敏感适度，使学习者感到舒适。

（4）开放性原则。信息化教学资源的开放性主要体现在开发人员的开放性、资源内容的开放性和结构体系的开放性等方面。开发人员开放性是指教学

---

① 增加师生互动 学堂在线推出智慧教学工具"雨课堂"［EB/OL］.（2016-06-17）［2021-09-12］. http：//mobile. people. com. cn/n1/2016/0617/c183008-28453329. html.

资源开发人员可以是高校教师、教育专家、学科专家，也可以是学习者、爱好者等各类有兴趣且愿意贡献智慧的人。资源内容的开放性是指不局限于学校学科教育，要放眼广泛的社会受众，适应泛在学习的需要。结构体的开放性是指建设的教学资源要能够及时更新和补充，具有交互性，实现开放性共享和推广。①

2. 信息化教学资源的运用原则

（1）信息化教学资源能为学生带来全新的课程体验。信息技术有利于充分挖掘课堂教学资源，丰富教学内容，拓展学生知识面，构建更加全面的知识体系，提升学习效率和质量。要充分利用网络教学平台，为学生提供丰富的信息化教学资源，为信息化课堂教学提供资源保障；也可以利用各种社交媒体平台如微信朋友圈、QQ空间、微博、抖音小视频等推送碎片化的知识内容，支持学生的非正式学习。

（2）信息化教学资源需要筛选甄别。网络教学资源丰富是优势，但正因为资源丰富，质量也良莠不齐。对于学生来说，常常没有足够的能力去筛选出适合自己的网络教学资源，因此，高校青年教师有责任花费更多的时间和精力，结合学科和课程的要求，对网络教学资源进行筛选和甄别，去杂存精，留优汰劣，为学生推荐最科学、最合适的信息化教学资源。

（3）使用信息化教学资源要有明确的目的。高校青年教师在进行教学设计时，要根据不同资源的特点和教学目标，明确信息化教学资源在教学中的定位和作用。例如，是调动学生的学习兴趣还是解决重点、突破难点；是创设情境还是提供事实材料；是起示范作用还是作为学生探究对象，等等，都要明确地了解。运用信息化教学资源辅助课堂讲授，引起学生的兴趣和注意力，突破教学重难点，起到提高教学质量和增进教学效率的作用。

（4）正确把握使用信息化教学资源的时机和"度"。高校青年教师一方面要充分利用信息化教学资源的特点，创新教学方式，创设以学生为中心的学习情境，采用发现式和探究式的学习方法，鼓励学生自主学习；另一方面，也要清楚地认识到，信息化教学资源相比于传统教学资源，固然有其先进性和优越性，但对于某些教学环节和教学要求，传统教学资源却有无法取代的优势。比如一些实验课程和实践课程以及专业性较强的课程目前还无法被慕课所取代。

---

① 瞿堃，钟晓燕. 教育信息化概论［M］. 重庆：西南师范大学出版社，2012：80-82.

传统课程教学中老师与学生一对一交流，与学生当面互动的交流优势也无法被取代。因此，高校青年教师在发展信息化教学资源的同时，还应当充分发挥传统教学资源的优势，将信息化资源与传统教学资源有机结合，达到更好的教学效果。

二、信息化教学创新能力

信息化教学创新能力首先是教学理念的转变，树立信息化教学理念是教学创新的基础。传统教学方式中，教师是教学的中心，教师是"知识的传授者"。然而，信息化教学环境下，学生可以通过网络资源随时随地获取广泛的知识和内容，课堂教学的重心从知识传授转向了知识加工和能力培养，教师在教学活动中的作用也产生了巨大的变化。高校青年教师要做好角色转变，树立"以学生为中心"的教学思想，从"知识传授者"转变为"学生学习的合作者和引导者""教学活动设计者和推动者"。高校青年教师在教学过程中，根据学生基础、学科特点、教学内容和教学条件等方面的基本情况，充分认识信息技术对教育教学的创新作用，积极实施参与式、启发式、合作式等先进教学模式，利用好翻转课堂、微信签到、线上互动、伙伴教学等全新的课堂教学活动和形式，激发学生自主学习的意识，促进学生主动参与学习过程，提升学生自主学习能力。

信息化教学创新能力还表现在大胆运用新型教学模式的能力。翻转课堂和虚拟课堂作为信息技术催生的教学模式，给传统课堂教学结构与教学流程带来了彻底的颠覆。由于其对教师的信息素养和学生的自主学习能力有较高要求，同时契合了高校教师和学生的典型特征，因此成为高等教育信息化发展中最具可持续发展趋势的教学模式。翻转课堂中，学生提前预习视频是基础，教学环节是关键。但是课堂如何反转需要教师精心设计，各个反转环节需要教师利用丰富的教学经验和宽广的学科知识来把控，要求教师具备较高的专业素养和教学技能。虚拟课堂中，全过程呈现线下课堂的教学内容和师生互动。然而由于缺少现场气氛的感染力和凝聚力，对教师的教学设计和课堂掌控能力提出了更高的要求。

1. "MOOC+SPOC"小班翻转课堂教学模式

"MOOC+SPOC"的翻转课堂教学模式适用于小班授课。这种教学模式不是简单的课后看视频，课上教师再讲，而是一个教学系统。其中 MOOC、

SPOC 是前提，是学生课后预习、复习的依据，是翻转课堂的基础；翻转课堂是上课形式。另外，还可以通过微信平台，作为翻转课堂有益的补充，进行课后碎片化学习。

课前，教师认真研究教学目标、教材内容和学生学情，制订适合翻转课堂的教学方案并筛选 MOOC 视频。网上 MOOC 资源丰富，不同的教学名师、不同的教材，同一门课程多角度多方位的讲解，需要精心甄别挑选优质的适合学生的慕课视频，提供给学生课后学习。根据学生的学习需求，整合各种线上和实体资源，制作更加符合本校学生认知特点的 SPOC 视频，有效补充 MOOC 中与课程目标存在差异的内容。翻转课堂授课阶段，教师要从教学目标入手，设计好课中教学的各环节，把控好各环节的时间，分环节进行教学：第一环节，教师首先对本节课的内容进行简单的串讲，进行重难点的解析。第二环节，针对课前学习任务，组内进行讨论，给出答案。第三环节，对于课前预习产生的问题，进行全班大讨论，进一步加深知识的理解与吸收。第四环节，教师针对重点难点设疑提问。这个阶段是学生思考成果的碰撞，是知识吸收内化的过程，是师生思维、情感、经验的融合。课后巩固阶段是一个很重要的阶段，却常常被忽视。知识最终的梳理成型、内化吸收是在这个阶段完成的。教师要布置一些深层次的思考探究作业，可以引发学生深度学习的作业，以提高学生的综合素质和核心竞争力。

引导学生了解"MOOC+SPOC"的翻转课堂教学模式，根据老师布置的学前任务完成 MOOC 或 SPOC 视频的学习并且完成相应线上测试，记录课前学习中产生的问题，带着问题进课堂，向教师和同学寻求针对性的解决方案。

2. "雨课堂"大班翻转课堂与传统教学结合模式

"雨课堂"、学习通是传统教学模式的有益补充。教师通过资源整合，在雨课堂上传慕课视频和网络视频；还可以上传 PPT，并为 PPT 配音讲解。课堂中，充分利用"雨课堂"进行连续立体互动，利用不懂按键、弹幕提高学生的学习注意力和参与度，利用课堂投稿功能将学生在学习中出现的共性问题或好的思路投影大屏幕。学生参与讲解，教师要注意课程节奏的把控。每节课结束，"雨课堂"会自动生成学习报告，教师借此掌握学情和教学数据，在此基础上思考总结改进课程设计，书写心得笔记，不断提高课堂教学效果。课后追踪反思环节是教师对课程设计进行反思总结的重要环节，是教师提高教学能力的重要途径。引导学生对教师课前推送的 PPT 或视频等资料提前学习查看，课堂上紧跟教师思路，通过不懂按钮或弹幕等方式及时标注、及时反馈学习难点，利用课后"雨课堂"学习报告，记录学习情况。

3. 虚拟课堂在线教学模式

2020 年年初全国新型冠状病毒肺炎疫情，大大推进了各大高校信息化教学的步伐，也倒逼了高校、教师和学生放弃对传统教学方式的依赖，迅速适应信息化教学的环境和方式。各高校纷纷将地面课程转变成虚拟课堂，依托腾讯会议、钉钉等在线教育平台，实施实时在线教学，将课堂讲授、师生互动、课后答疑、教学评价等环节远程实施，部分高校甚至进行了"导师云指导""科研小组云讨论""毕业论文云答辩"等教学环节的全新尝试。

虚拟课堂是基于云计算技术的一种高效、便捷、实时互动的远程教学课堂形式。教师和学生只需要通过互联网界面，进行简单易用的操作，便可快速高效地与全球各地同步分享语音、视频及数据文件，而课堂中数据的传输、处理等复杂技术由虚拟课堂服务商提供支持。虚拟课堂中，教师就像在线下课堂一样，在教育平台上分享课件并进行实时板书，通过语音授课讲解，通过摄像头观察学生的课堂反馈，还可以指定某个学生线上回答问题或开放全体线上讨论时间。虚拟课堂为教师和学生提供了一个全过程的课堂教学环境，所有线下课堂中教学环节都可以在虚拟课堂中实现，课后还可以生成教学和学情统计报告，供教师了解课堂情况，反思分析。

三、信息技术与教学深度融合能力

教育部在 2018 年印发的《教育部关于加快建设高水平本科教育 全面提高人才培养能力的意见》文件中，明确提到要"广泛开展教育教学研究活动，提高教师现代信息技术与教育教学深度融合的能力"。北京师范大学何克抗教授认为，信息技术与教学融合是将信息技术有效地融合于各学科的教学过程，来营造一种新型的教与学的教学环境，以实现一种能充分体现学生主体地位的以"自主、探究、合作"为特征的新型的教与学方式，从而使传统的以教师为中心的课堂教学结构发生根本性的改变。信息技术与教学深度融合的本质是改变以教师为中心的教学结构，创建既发挥教师主导作用，又充分体现学生主体地位的新型教学结构。①

---

① 何克抗，吴娟. 信息技术与课程整合 [M]. 北京：高等教育出版社，2012.

美国密歇根州立大学科勒和米世拉针对信息技术与学科教学的融合提出了TPACK 理论，将信息技术融入学科教学思想、学科教学方法、学科教学技术、学科教学过程和学科教学评价等各个方面。① 因此，教师要清楚信息技术的优势和不足，了解学科教学的需求，结合课程特点，找准信息技术融入的切入点，营造和创设有利于学生自主、探究学习的新型教学环境。此时，教师和学生不再外在于课程，而是课程的有机组成部分，积极互动，共同发展。学生是信息加工的主体和知识的主动建构者，教学不只是忠实地传递和接受课程的过程，更是课程创新和开发的过程。因此，在信息技术与教学深度融合的过程中，应该注意以下几点。

1. 科学运用教育学理论，指导教学深度融合

在教育教学实践活动中，没有哪一种理论具有绝对的普适性，无论哪一个理论都不能替代其他理论成为唯一的指导理论。因此，在融合过程中，应根据教学对象、教学内容、信息技术的特点及教学融合的实际需要，兼顾各种理论的合理成分，正确选择和灵活运用教育理论并指导教学实践。

2. 根据学科特点、教学内容及教学对象，选择科学的融合策略

每个学科有其固定的知识结构和学科特点，不同的教学内容和教学对象也对教学模式有不同的要求，因此对于不同的学科、课程和学生，既有相同的教学融合原则，又有不同的融合策略，应综合考虑各方面因素，选择科学合理的融合策略。

3. 教师主导，学生主体，教学并重

现代信息技术与学科教学深度融合要求高校青年教师充分合理地运用现代信息技术，把信息技术作为教学系统的要素之一，自然地融入教学，使信息技术应用成为教学的一种常态，创设利于知识迁移和学生学习的学习环境，开展基于信息技术的学习活动，设计"教师主导——学生主体"的教学结构，促进学生对知识的理解与学习，更大限度地提高教育教学质量。

4. 信息技术与教学深度融合是一个长期的过程

信息技术与教学深度融合是一个反复尝试、持续推进、贯穿始终的终身实践过程。高校青年教师要将信息化教学内化为一种专业素养，在教学过程中加

---

① 　Koehler M，Mishra P. 整合技术的学科教学知识——TPCK 概述［C］. 全美教师教育学院协会创新与技术委员会. 北京：教育科学出版社，2011.

强对学生的指导，加强对自身的反思，加深对教学知识体系的理解，将信息化教学进行知能转化，按照"实践—反思—再实践"的路径提高信息化教学的实施能力，并最终生成实践化理论。

5. 信息技术与教学的融合要延伸到课堂之外

信息技术对教学的影响不仅表现在课堂以内，也延伸到课堂之外。课堂之外的师生交流是支持学生学习的重要组成部分，信息技术为师生交流提供了更加多样的途径和渠道。网络教学平台的答疑室，即时通信软件如 QQ、微信、E-mail、远程会议协助等，能实现随时随地、无所不在的及时交流与沟通，最大限度为学生提供学习支持和指导，提高学生学习效率和学习效果。信息技术让教学评价的方式更加科学、公平、多样。比如，通过网络教学平台的签到、点名等功能了解学生考勤情况，借助可穿戴设备实时了解学生的专注力、情绪和课堂反馈情况，利用电子档案记录学生的作业、发言、交流等情况，利用网络教学平台的在线测验功能实现不同阶段的总结性评价。

第五章　学术科研能力

第一节　科研创新能力

德国哲学家雅思贝尔斯曾说，大学教师首先应是研究者，大学教师要指导、激励学生刻苦钻研，最好的研究者才是最优秀的教师。① 作为一名研究者，高校青年教师的科研创新能力提升是教师专业发展的内在需求，也是高校学术科研水平提升的主要推动力。

一、高校青年教师科研创新能力现状分析

思考高校青年教师难出高质量科研成果的原因，归根到底在于知识能力结构不足、科研创新意识不强、学术素养不高、科研方向不专。

1. 知识能力结构不足

青年教师是高校科研创新的主力军。近年来，高校新进的青年教师普遍具有博士学位，很多具有海外留学背景。其学历层次高、学术能力强、知识结构新、见多识广、具有国际视野。青年教师正处于人生的黄金阶段，精力充沛，思维活跃，富有创造力，对新生事物接受能力强，对互联网、应用软件等相关技术比较熟悉，这些优势将有效地提升青年教师的科研创新能力。

同时，高校青年教师提出问题和发现问题的能力不足，不能准确地找到研究的突破点，难以创造相应的理论创新价值和应用价值，从而导致很多青年教师离开博士阶段的学术环境和研究平台后，科研成果匮乏。这一现象已成为当前我国高校青年教师亟待改善和提高的普遍状况。缺乏明确的中心和主题是当今高校青年教师学术科研中较为突出的问题，是影响高校青年教师科研创新能

---

① 雅思贝尔斯. 什么是教育 [M].邹进，译. 北京：三联书店，1991：145.

力的重要因素。

此外，高校青年教师分析问题的能力也存在不足，不能运用一定的思维驾驭材料，形成自己的观点。具体表现在科研中材料的支撑不足或者搜集了不少相关材料却不会筛选与运用，抓不住重点，致使所选材料之间理论逻辑性不足，直接影响科研的实际效果。许多高校青年教师不善于发挥自己的主观能动性，没有自己的特色，纵然有丰富的材料，也不能深入地分析提炼，进行科学的构建。

2. 科研创新意识不强

所谓"思想决定行动，行动决定成就"，科研创新首先要有想法、有意识。科研创新作为自发自愿的活动，是强烈的科研创新意识促使其在某个领域深入研究，保持热情和兴趣，不断突破自我、超越前人的过程。

当前，很多高校青年教师的科研创新意识不够，科研自信心不足，科研功利心却很强。部分高校青年教师将所承担的科研工作当成学校布置的任务，在科研创新上缺乏自信和主观能动性。也有教师受到不完善的科研奖励机制的牵制，仅仅看重科研项目的经费支持、科研奖励的所得、职称晋升的便利等，为了功利而投入科研活动，缺乏应有的认同、专注和投入。高校青年教师应该沉下心，秉承脚踏实地、实事求是、求真务实的专业精神，勇于打破陈旧的观念，积极探索和发现，保持科研创新的激情和热情，把科研创新作为奋斗的目标和追求。

要想最大限度激发科研创新意识，还需要一定的激励机制。激励机制有来自外部的，也有来自内部的。其中内部激励具有自我激励性质，可以保持稳定、持久、有效。当高校青年教师发自内心真正想要进行创新性研究，科研创新意识被充分调动起来时，才能真正地激发高校青年教师的创新潜能，提高科研成果的质和量。

3. 学术素养不高

学术素养是指学术研究者在研究过程中应具备的素质和修养，它是学术活动持续进行的内在动力，也是研究者高尚学术品德的体现。学术素养体现出研究者的文化自信心和独立的科研能力，它是在长期的学术研究中逐渐养成的精神品质，它是一种研究习惯的长期积累，是取得重大研究成果的保证。

当前的青年教师学术素养不高，具体表现在：克服困难的精神不够，独立思考的意识不够，追求真理的态度不够，勤奋科研的耐力不够。

科研工作是一项需要做好漫长等待准备的任务。研究的艰辛和曲折，会不断地消耗青年教师的时间和精力。甚至经过一段长时间的努力，结果可能还是一无所获。面对失败带来的痛苦和非议，需要具有克服困难的精神，才能对这样的现状无所畏惧，不被主观和客观的因素所制约，仍然能以无畏的科研精神去奋斗。

独立思考是一项重要的科研能力，只有保持独立思考的意识才能激发青年教师的科研潜能。坚持实事求是的科研诚信态度，不畏社会和公众的舆论影响，保持科研自信，终将展现青年教师的自身价值。

学术研究要具有批判的思维、怀疑的精神，追求真理的信念，不盲从既有认识，于无疑处生疑，以质疑、怀疑、敢想、敢问的学术态度对待科学研究。

勤奋的态度对于科研至关重要。韩愈曾说，行成于思而毁于随，业精于勤荒于嬉。科研中保持持久的勤奋才能有所建树。

4. 科研方向不专

科研方向的不稳定和不专一应该是当前青年教师中普遍存在的问题。其产生的原因，与青年教师相对复杂和漫长的教育背景有一定关系。一名青年教师，通常经历过硕、博、博后、访问学者等多重身份和历程。每一段身份和历程中，可能合作的导师或团队不尽相同，甚至同一位导师的不同课题也可能涉及不同的研究方向。这必然造成青年教师普遍"庞杂"的学术背景和知识结构，也造成了他们从事教学科研工作后，对自身科研方向的迷茫。

还有些青年教师面对绩效考核的压力，显得心浮气躁，急于求成，无法沉下心来潜心研究，于是出现了什么方向热门就研究什么，什么方向容易申报课题、容易发文章就研究什么，什么方向技术转化的经济价值可观就研究什么……有些甚至为了跟国家重大战略和社会发展趋势扯上关系，将自己的研究方向生搬硬套，弄巧成拙。

作为青年教师，正处于科研生涯的起步阶段，根据自己现有的知识储备和学科背景，结合当前科技和社会发展的需要，明确一个相对稳定的科研方向，并坚定不移地向纵深处发展，才有可能成长为学术研究的中流砥柱。

二、提升科研创新能力的必要性

1. 建设创新型国家的客观要求

创新是一个国家和民族不断取得进步的动力源泉，国家创新发展需要大批具有自主创新意识、自主创新能力的人才来推动。高校是创新型人才培养的重要阵地，其自身的科研创新水平将直接影响创新型人才的培养水平和质量，关乎一个国家的创新发展。

2. 高等教育发展的必然要求

科研作为高等教育的基本职责之一，高校科研的产出数量和质量已经成为评价一所高校综合实力的关键技术指标，高校教育科研能力直接关系其自身的可持续发展和创新能力的培养。

3. 培养创新型人才的要求

培养高素质创新人才是高等学校作为重要的育人基地肩负的历史使命，也是实现我国建设创新型国家战略目标的重要保证。民族的进步、国家的兴旺发达离不开创新。青年教师作为高校教师群体的希望和中坚力量，肩负着教书育人和培养学生创新能力等多方面的职责，青年教师科研创新能力的开发与提升，是高校培养创新型人才、保证科技创新可持续发展的重要依托。

4. 支撑学科内涵发展的要求

科学研究是高校各学科建设发展的重要基石，学科的内涵与发展离不开对学科理论前沿的分析研究。通过对学科最新理论及发展动态的深入研究，加深对学科内容纵深的认识，同时把科研取得的最新成果引入实际应用中，进一步优化学科结构，合理学科布局，提高科研能力，使科研成果和科研水平逐步实现由量的积累到质的跨越，推动高校学科内涵建设的发展与提升。

5. 教师专业发展的内在需求

当前我国高等教育体制改革不断深化，科研创新能力在教师专业发展中的作用日益凸显，科研创新能力的提升对教师专业素质的提升、专业知识的拓展、专业能力的提高、专业自我的形成都有着积极的促进作用。提升高校教师科研创新能力是高校教师队伍建设的重要议题。

三、高校青年教师提升科研创新能力的思路

1. 优化知识结构，确立科研方向

教师的科研创新能力不仅取决于教师的知识存储量多少，也取决于知识的生产状况，更取决于教师对知识存储量的利用方式和应用效率。高校青年教师应注重自身科研能力的培养，树立终身学习的理念，拓展研究视野，构建利于科研创新的知识体系。以科研创新能力提升为线索，对自己的知识内容分门别

类，及时补充自己知识体系中的不足，使自己的发现与分析问题能力、信息收集与整理能力、创新与社会活动能力等科研必备的基本素质都得到全面的培养和提高。

青年教师在形成科研方向的过程中，一定要坚持以我为主。人格独立和学术独立是筛选、形成和稳定科研方向的基础。要从自身学术基础和理想出发，独立思考、独立自主，切忌在科研团队和科研大潮中迷失自己。坚持以我为主，坚持自己的理想和情怀，保持自己的科研优势和特色，稳定自己的科研主线。同时，青年教师应根据国家需要、市场需要、社会需要选择科研主题与科研方向，培养科研创新意识，确立科研目标，努力学习掌握科研创新理论和实践方法，由浅入深，循序渐进，不断增强和积累科研创新经验，提高科研层次和水平，开辟适合自我发展的学术研究领域。

2. 提升信息分析与获取能力，注重知识管理能力

当前，各种科研成果的实现不仅使科研创新项目的提出变得更加困难，青年教师在科研中受到的干扰也越来越多。能否在研究过程中科学、高效地分析和获取信息，去粗取精、去伪存真，通过理性思考探究项目解决方案成为其创新研究能力的重要体现。

对教师个体而言，信息分析和获取能力是体现知识管理水平的关键。在自我发展过程中，教师一方面要利用多方面资源实现对显性知识的获取，另一方面还应该意识到隐性知识的重要价值，结合高校的科研环境以及当前教育的整体环境提高对隐性知识的感知与获取。

3. 保持敏锐嗅觉，感知学术前沿动态

高校青年教师要想提高自身的科研创新能力，必须嗅觉灵敏，保持对学术前沿的感知力，及时获取多方面的学术前沿发展信息，为科研创新能力的提升奠定基础。学术前沿的发展信息包括很多方面：对科学技术研究现状的了解，特别是根据自身科研需要了解当前科学技术的研究热点和创新成果，拓宽知识的深度和广度；对国家政策和发展规划的持续关注，理解并符合国家未来发展的趋势和方向；积极了解社会对不同专业人才的需求情况，尤其是对自己所研究专业领域的人才需求状况进行深入分析与判断，探索未来社会的发展方向，以便在后续科研过程中做出适应性调整；对本校重点学科发展的积极参与，体现高校特色发展与优势。

4. 葆有科学精神，自我反思提升

高校青年教师要具备科学的态度、求实的精神、对科学执着的追求、探索未知的热情、坚韧不拔的意志和良好的科学道德；具备专业的科学技术研究能力，要有探索性、创造性、精确性、个体性与协作性，要有敏锐的观察能力、丰富的想象力和理论概括能力，要具有国际化视野。

高校青年教师应把科研活动本身作为研究对象，对科研实践活动进行深刻的反思，总结经验与教训，形成科研智慧。反思的过程本身就是科研能力提升的过程，也是个人不断实现自我提升的过程。

四、政策支持及措施

1. 营造宽松健康的科研环境

营造宽松的学术环境和浓郁的学术氛围，是激发和培养教师科研创新能力的重要途径。只有在宽松的学术环境、优良的群体结构和良好的人际关系中，教师才能潜心深入思考，不断提高自主学习与研究的能力，不断产生创新的动力和热情，进而增强科研创新的学术氛围。

高校应努力营造健康向上的科研环境，促进学术领域的沟通与交流，强化科研梯队的建设，注重对青年教师"传、帮、带"的培养，关注青年教师的知识创新动向，使他们在经验丰富的前辈和资深专家的系统指导下，不断增加科研活动的实践和经验，在不断地内省、纠正、学习中提高知识创新能力。

高校青年教师科研创新能力的提升需要经验、知识、技能的积累，要丰富科研经验、拓宽知识广度和深度、提高专业技能的熟练程度，学校需要提高科研管理部门的业务水平，为青年教师的培养构建一个完善的学习机制。同时，高校教师科研创新能力的提升，还需要建立相关的科研组织协调机构，鼓励教师之间的协同创新。

鼓励广大青年教师之间开展学术交流，建立学术交流平台，强化学术沟通，在多元形式的科研交流中碰撞出学术火花，通过组织专题报告、学术讲座等让青年教师在交流中产生学术思想激荡，激发开展科研的积极性，产生创新火花。要注意发挥好青年才俊的典型示范作用，推动青年教师学术创新与不同学科间的融合与交流。

2. 建立客观科学的科研评价激励机制

学校要建立一套科学规范的科研评价体系，制定合理有效的科研激励机制和考核制度，客观、公正地评价教师的科研能力和科研成果。科研创新能力评价准则制定是否合理，在很大程度上会影响教师的创新能力和科研热情。制定合理的评价准则，在科研经费的投入、科研项目的分配、奖励等收益分配上向青年教师倾斜，可以有效地激发高校青年教师的科研潜能，并使其保持持久的科研热情。

2018 年 7 月，中共中央办公厅、国务院办公厅印发《关于深化项目评审、人才评价、机构评估改革的意见》。2020 年 2 月，教育部、科技部印发《关于规范高等学校 SCI 论文相关指标使用 树立正确评价导向的若干意见》（教科技〔2020〕2 号）。同时，科技部会同财政部研究制定了《关于破除科技评价中"唯论文"不良导向的若干措施（试行）》（国科发监〔2020〕37 号）。一系列文件明确表示要改进科技评价体系，破除国家科技计划项目、国家科技创新基地、中央级科研事业单位、国家科技奖励、创新人才推进计划等科技评价中过度看重论文数量多少、影响因子高低，忽视标志性成果的质量、贡献和影响等"唯论文"不良导向，不把论文的数量多少、影响因子高低作为量化考核评价指标，而要将科研成果的学术价值、学术影响以及在经济社会发展和国家重大需求中的贡献作为评价依据和考核指标。

2020 年 10 月，中共中央、国务院印发了《深化新时代教育评价改革总体方案》，明确提出改进高校教师科研评价。突出质量导向，重点评价学术贡献、社会贡献以及支撑人才培养情况，不得将论文数、项目数、课题经费等科研量化指标与绩效工资分配、奖励挂钩。根据不同学科、不同岗位特点，坚持分类评价，推行代表性成果评价，探索长周期评价，完善同行专家评议机制，注重个人评价与团队评价相结合。探索国防科技等特殊领域教师科研专门评价办法。对取得重大理论创新成果、前沿技术突破、解决重大工程技术难题、在经济社会事业发展中作出重大贡献的，申报高级职称时论文可不作限制性要求。

因此，高等学校在制定科研评价准则时要充分考虑到科研工作的特殊性，科研成果的形成需要一定的研究周期，不可盲目追求成果的数量，而是要讲究质量。但凡取得重要的原创性科研成果的，必会经历长期的艰苦的积累过程。要充分保护科研创新的萌芽，看到科研成果的创新水平以及可应用和产业化的前景，给予充分的时间和耐心等待其开花结果。同时，尽量公正、合理，使高校青年教师自发、高效地进行科研工作，保护高校青年教师的科研热情，提高科研创新能力。

3. 制定有针对性的科研政策

高校还应制定有针对性的科研政策，鼓励青年教师投入科研创新工作中，给予青年教师更多的科研机会，最大程度激发其科研积极性。广大青年教师往往在科研经费的处置上处在相对弱势的地位，在省部级以上课题上并无经费科研，因此，高校须从渐进性与差异性原则出发，结合青年教师实际，下达科研任务，让青年教师能正常开展科研实践活动。当前很多高校积极筹措校级经费，用于校级科研项目立项或科研人才培养。如设立校级自主科研项目，鼓励青年教师积极申报；或针对青年教师设立校级学术卓越人才培养计划，在3~5年的培养周期内给予大额的科研经费支持；或全额资助青年教师赴国内外高水平大学或科研机构访学交流，减免教学工作量，并保留校内待遇不变。这些政策都极大地激发了青年教师的科研热情和动力，让青年教师能在享有优厚待遇的基础上，没有后顾之忧地全身心投入学术科研的攻坚战中，而不必为了短期或眼前的生活保障而急功近利。

第二节　科研合作能力

一、科研团队合作

随着科学技术的不断发展，近代科学呈现出从单一化发展到专门化发展再到综合化发展的趋势。与此相适应，科学研究的组织形式也经历了一个规模日趋扩大的发展过程，合作研究已经成为科学研究发展的必然要求，需要通力合作、协同攻关，进行跨学科、跨领域的集体研究。许多重大创新成果更多地出现在学科交叉领域，而且往往都是团队合作的结果，团队合作和团队精神已经成为科学研究的重要命题。高校科研团队正是在这种背景下应运而生并不断创新的一种科研组织形式。当代科学技术的发展趋势与高校科研发展的客观规律，决定了合作研究的必然性和科研团队的重要性，从而决定了高校科研团队在高校创新中的主力军地位。高校科研团队是高校创新环境的营造者，是高校创新能力的主要支撑，是高校创新能力的晴雨表，对高校创新能力的培育发挥着不可替代的作用，对提升高校创新优势产生积极而重大的影响。一个高素质的高校科研团队不仅能取得重大科技创新成果，而且能带动一个学科的发展，甚至能创造出一个新兴产业。①

1. 科研团队的几大要素

科研团队可以定义为，以科学技术研究与开发为主要内容，由为数不多的愿意为共同的科研目标而相互承担责任的专业学术人员组成的群体。② 科研团队合作是高校教师中最为常见的合作形式，它是指教师们围绕一定的课题研究任务而进行的联合行动，包括合作申请、合作开题、合作调研、合作写论文，等等。高校青年教师间的科研合作，通过整合高校的科研力量，聚焦研究问题，形成科研团队，成员之间彼此相互配合、协同工作，实现科研产出的最大化，促进科研成果的创新性。在科研团队合作中，不同专业、领域的教师通过良性沟通、积极互动、协同共事，形成科研共同体，成员间彼此分享资源、互惠互助，各展其能，各尽所长，愿景一致地开展合作，实现思想和观点的碰撞，学科间的交叉与融合，有利于提升科研效率，激发学术创新。科研团队是青年教师参与科学研究的一个良好途径，青年教师要充分认识到科研团队的重要性，并迅速融入一个适合自己的科研团队中来，通过科研团队的集体协作和扶持来提升自身的科研能力。然而，当前高校青年教师的科研团队合作受到多方面因素制约。青年教师的知识结构和学缘结构普遍较为单一，学术研究视野存在一定局限，不同学科背景间的协同创新相对有限，以单打独斗、各自为政为常态，缺乏合作精神和跨学科的综合性研究活动。加之，高校科研组织工作比较薄弱，在研究课题的技术指导、团队扶持及研究过程监督等方面缺乏有效的指导和培训，无暇顾及和培养教师科研协同创新能力。

（1）团队成员优势互补。在科研合作中，青年教师通常会评估合作对象的研究基础，选择具有一定技术和资源作为研究基础的成员组成科研团队。因此，具备共同的研究基础成为理想科研团队形成的重要前提。在选择团队成员标准这一问题的描述中，有的教师表示，限于自身研究水平有限，研究基础单薄，特别希望其他教师，为自己的研究提供建议和意见。因此，高校青年教师要想达成真正的科研上的合作，形成稳定的科研团队，"说真话、能做事"成为选择团队成员的重要标准。最为关键的是要共同研究与行动，优势互补，形

---

① 张茂林. 创新背景下的高校科研团队建设研究［D］. 武汉：华中师范大学，2011：5-11.

② 刘惠琴，彭方雁. 融合与创新研究型大学科研团队运行模式剖析［J］. 清华大学教育研究，2005（5）：92-96.

成一种长期的互助式的合作。

（2）信任是团队的基础。高校青年教师间的科研团队合作有赖于彼此间真诚无私地共享资源、理念、方法，彼此成为对方的重要支撑。在合作中，教师之间相互信任、互惠互助，以开放的心态、宽容的胸怀对待同事，摒弃狭隘与嫉妒心理，以便与同事建立起和谐的合作伙伴关系。

（3）人际关系是团队运行的润滑剂。从事科研活动也要处理好人与人之间的关系。青年教师加入或组建研究团队后，要平衡好团队成员之间的关系，包括教师与教师之间的关系、教师与研究生之间的关系、研究生与研究生之间的关系等。如果人际关系处理不当，也会严重制约高校教师科研创新能力的发挥。

2. 高校促进科研团队形成的措施和对策

（1）大力整合科研资源。高校青年教师科研能力与水平的提升离不开丰富的科研资源和稳定的科研团队。学校应充分发挥自身知识资源、人才储备、学术氛围等方面的优势，整合现有的科研资源，加强校企合作和产学研融合，构建健全的人才流动机制，为科研创新提供强有力的保障。大力培养数量充足、结构合理、素质较强的创新型科研团队，专门划拨科研经费，为科研创新工作保驾护航。

（2）鼓励高校青年教师参与团队合作。高校应积极鼓励广大青年教师参与重大项目、基地与团队建设，及时出台有关政策，在申报重大项目、科研与创新基地时，重点向青年教师倾斜，改变有的青年教师长期游离于科研团队之外的情况。同时，也要积极鼓励科研基础相对较好、科研方向明确，能承担市厅级以上科研项目并主要以青年教师为主体的团队建设，培育并推进科研团队早日成为省级创新团队，让优秀的科技骨干快速成长。在整体提升青年教师科研实力基础上，实施重大科研项目的孵化培育，选拔具有科研潜质的青年教师进行重点支持，造就青年学术精英与高素质的科研团队。

（3）积极搭建高水平科研合作平台。有研究表明，高校教师的科研创新能力与科研团队机构规模呈正相关的关系，团队协作对提高科研创新能力具有重要的作用。高校要建立以"科研"为核心的管理机制，加强学校内部跨专业、跨学院、跨部门的协同合作，运用学科门类齐全、综合性突出等优势，尽可能地搭建高水平的研究平台，提高科学研究的起点，积极鼓励教师进行跨学科课程交叉学习和开展教学科研活动，不断扩大科研合作的范围，加深科研合作的深度，拓展学术创新思维，开阔学术研究视野，推动跨学科的科研创新研究，促进学术交流与创新，为科研创新提供更广阔的发展空间。同时，鼓励广大青年教师之间开展学术交流，建立学术交流平台，强化学术沟通，在多元形式的科研交流中碰撞出学术火花，通过组织专题报告、学术讲座等让青年教师在交流中产生学术思想激荡，激发开展科研的积极性，产生创新火花。要注意发挥好青年才俊的典型示范作用，推动青年教师学术创新与不同学科间的融合与交流。

（4）落实青年教师科研团队的政策扶持。高校需完善科研创新人才团队的培养机制，重视对青年教师科研创新能力的培养，在科研协作平台的搭建中给予青年教师团队一定程度的政策倾斜和扶持指导，帮助青年教师在团队中畅通交流和学习渠道，受到及时恰当的指导，拓展科研思维，不断在实践中提升科研竞争力和创造力。同时，加强对青年教师科研活动的支持，在科研设备、各类科研立项、科研论文发表、学术交流等方面提供必要的物质保障。

二、国际交流合作

科技创新能力受当今世界各国高度重视，科技国际化的水平也成为判断国家科技创新能力的重要准则。党的十九大报告强调，要培养造就一大批具有国际水平的战略科技人才、科技领军人才、青年科技人才和高水平创新团队。高等学校作为优秀创新人才的集聚地，通过与国外的高校、科研机构和企业在科学研究、技术开发和成果转化等方面进行一系列交流与合作，通过复杂智力劳动形成国际化的学术或科技成果，实现国际间科技人员互动、资源互补和知识技术信息融合。高校青年教师承担了科研国际交流合作的大部分工作，是推动科技国际化水平快速发展的一支重要力量。

1. 高校青年教师提升科研国际合作能力的方式

（1）通过各种途径参与科研国际交流合作活动。高校青年教师通过参与科研国际交流合作，提升自身科技水平，带动国家的科技创新。高校青年教师参与国际交流合作的方式主要有：参与国际性科研合作、参与国际科技研究机构共建、参加其所在学科领域的国际性会议、在线或以电子刊物形式发表科研成果及文章、在国际性期刊上发文、在其他国家发表科研成果、使用外语发表科研成果、与国外同行合著、与国际同行开展各类科研项目的合作、在国际性会议及会展上发布科研成果、定期阅读所在学科领域前沿的国际期刊和文献，参与国际性组织或担任国际期刊编委，以及组织和筹办国际性会议。此外，高校青年教师还可以参与国内高校与国际研究机构的人员互派互访，如：邀请国外教授、专家到国内讲学和交流；国内学者到对方机构进行访问，学习先进技术、先进管理经验等活动；以提高科研水平为目的的高校教师出国进修和实习等培训活动等。①

（2）掌握国际研究动态，学习先进知识。高校青年教师要多阅读国外最新文献，多参加国际会议，多与国外知名学者交流，通过各种形式的流动与国外学者建立联系，掌握国际最新的研究动态，在较短的时间内知晓国外同行的研究热点和达到的水平，学习和掌握国际先进的学术理念、科技研究手段和实验应用方法，缩短与国际水平的差距，拓宽视野，转化思维，提高科研创新能力，增强自身国际竞争力，成长为具有国际视野的专家学者，为建设创新型国家做贡献。

（3）找准合作课题，追求创新成果。高校青年教师在发展科研国际交流合作时，要学会灵活运用各种形式。首先，要抓住重点，选好双方能够实现优势互补并且共同感兴趣的课题；其次，国内的研究工作是有效开展科研国际交流合作的基础，充实自身，才能吸引对方；再次，科研国际交流合作要用好国家资源，引进先进的信息和设备，选择有国际影响力的学者合作，争取合作研发的经费；最后，对国际合作对象的选择要定位准确，要实现创新，追求卓越的科技成果。

2. 高校促进青年教师科研国际合作的措施和对策

（1）拓宽资源，树立国际化合作意识。高等学校的科研国际合作要以开放意识和国际化理念为指导，引导青年教师在知识创新和技术研发中开拓视野，树立国际化合作意识。拓宽国际科研交流合作的范围，整合国际科研资源，提升科研国际合作交流在团队创新和人才培养中的作用，使科研国际合作成为学校发展新的推动力量。

（2）创造更多科研国家交流合作的机会。高校要全面鼓励青年教师加入国际学术组织，鼓励参加国际性学术会议以及开展科学研究，提高国际科研合作能力，逐步扩大国际影响力。高校要在自主创新基金中确立相关的科研合作交流项目，支持青年教师到海外访学，进一步拓宽其学术视野，深化对学科前

---

① 韩洁芳. 高等学校科技国际化研究［D］. 大连：大连理工大学，2016：158-159.

沿知识的认知，能做到科研结合实际，又能把握科研趋势，让青年教师在开展国际合作的过程中发挥其科研潜能。充分利用国家留学基金委员、地方教育厅和学校的国际合作计划，通过跨国公司海外培训项目、国际合作项目和奖学金项目等，选派青年骨干教师到国外大学和研究机构进行学习研究，创造更多的机会使青年教师与国际同行保持密切沟通与合作，不断提升青年教师队伍的国际视野和学术话语权。

（3）构建国际化科研合作交流平台。高校要积极融入国际协同创新体系，综合多学科研究方法寻找更多的创新基点，积极构建国际化科研合作交流平台，提升普通高校原始创新和集成创新能力。对于有国际重大影响力的合作项目，要积极选取有研究基础和实力的国际著名高校、研究院所、跨国公司和各类团体等深入合作，建立科技研发载体，实现各种资源的有效组合，调动科研人员的创新能力，建立具有国际重大影响的学术高地和研发中心。此外，高校科研国家化合作还能通过平台建设促进应用技术推广，产生重要的经济社会效益，通过大学科技园等载体，推动产业化发展。①

第三节　科研成果转化能力

科研成果是科学研究与技术开发所产生的具有实用价值的成果，是通过调研考察、实验研究、设计试验和辩证思维活动等，所取得的具有一定学术意义或实用价值的创造性劳动成果，并通过了技术鉴定，得到了社会认可。高校科研成果产出率较高，高校青年教师通过产学研合作进行科研成果转化。据统计，2019年全国科技成果登记总量为68562项，其中由高校完成的占比21.73%。② 高校已经成为产学研链条中重要的一环，高校青年教师已经成为科研成果转化的重要参与者，在国家技术创新体系建设和国民经济产业技术升级当中具有不可替代的作用。

高校"人才培养，科学研究，社会服务"三大基本职能决定了高校教师的多元身份，因此高校青年教师的科研成果转化可以有两个方向：既可以转化

---

① 韩洁芳. 高等学校科技国际化研究［D］. 大连：大连理工大学，2016：161-162.
② 2019年全国科技成果统计年度报告［EB/OL］.（2020-09-01）［2021-12-02］. https：//www.tech110.net/portal.php？mod＝view&aid＝6927511.

成教学资源，服务高校人才培养；也能够转化为先进生产力，为社会服务做出贡献。

一、科研成果转化为教学资源

高校青年教师的科研成果反映着所研究学科领域比较前沿的知识，如果把科研成果及时有效地转化为教学资源，融入教学过程中，将大大提高人才的培养质量。

1. 科研成果转化为教学资源的重要意义

（1）现代大学科教融合的要求。现代大学理念所倡导的"科教并重，全面育人"，要求高校青年教师不仅要积极开展科研活动，形成科研成果，同时还要积极将科研成果转化成教学资源，融合教学活动之中，向学生传授新知识和新技能。此外，高校青年教师还可以在教学过程发现科研成果转化存在哪些问题，为后续进一步科研探索找到突破口，实现科研与教学有效融合和相互促进。

（2）高校教师职责和使命的要求。高校教师的首要职责就是"育人"，培养全面发展的高素质创新人才。因此，青年教师不能将教学和科研二者割裂开来，而要将他们有机统一起来，围绕"全面育人"实现科研和教学的有机融合。因此，将科研成果转化成教学资源，将科研精神和最新科研成果传授给学生，既是科研和教学的有机融合，又是高校青年教师应该承担的职责和使命。

（3）创新人才培养的要求。高校青年教师能够形成科研成果的，必然是其创新科研活动的结晶，转化成教学资源后，能够丰富教学内容，扩大学生视野，实现教学改革创新。更重要的是，教学过程中，学生还会被青年教师的科研精神和创新意识所感染，在潜移默化中促进学生对专业知识的学习兴趣，培养学生形成科学的思维方式和研究方法，这些都是培养高素质创新人才不可或缺的重要因素。①

2. 高校青年教师科研成果的教学价值

（1）科研成果的研究内容可以丰富现有教材的内容体系。科研成果的创新性和先进性决定了其研究内容常常是各个学科领域中的前沿问题，代表了最

---

① 裴正兵，田彩云. 高校教师科研成果转化教学案例意义、基础与模式研究 [J]. 高教学刊，2018（17）：83.

新研究进展结果。然而，一方面由于对知识体系系统性的要求，高校教学中选用的教材内容上必须相对稳定；另一方面，由于教材编写周期较长，时间上存在滞后性，加之编写人员的局限性，教材中很难及时、全面反映出相关学科领域中的最新研究进展。高校青年教师把从事科研工作取得的最新研究成果结合教学进度安排及时介绍给学生，可以让学生接触到学科前沿的新技术、新方法、新知识，是对教材知识体系重要的补充。

（2）科研成果多学科融合的特点有利于学生对知识的综合应用。从科技成果形成的特点来看，其研究过程中不同学科领域知识和技术的相互渗透，是优秀科技成果产出的基本规律。① 从高校教学的特点来看，融合多学科知识，是一种科学研究方法对学生的潜移默化的熏陶。优秀科技成果转化为高校教育资源后，既为教师提供了一个系统传授多学科知识融合运用的良好载体，激发学生的想象力和创造力，也让学生通过生动的实证学习，提高了对所学知识的综合应用能力。

（3）科研成果完成人亲自授课具有示范教育效果。科技成果转化为教学资源是培养学生创新能力的重要手段，也是创新教育的重要组成部分。创新教育就是要使学生不但要学到知识，更重要的是学会探索新知识。创新教育单靠书本是远远不够的，众多对科学研究创新过程有着切身经历和体验的青年教师现身说法，示范效果尤其突出。青年教师只有取得对科学研究创新过程的真实感受和体验后，才能真正把握创新教育的实质，以科学的态度、科学的方法激发学生探索未知的兴趣，把创新方法、创新精神贯穿于教学活动。

3. 科研成果有效转化为教学资源的实施

科研成果转化为教学资源的模式可以多样化。通过把科研成果转化为理论教学课程、实验教学课程、课程设计、毕业设计、导师小组活动以及学术活动，将科研成果的教学价值发挥到极致，实现"教学带动科研、科研促进教学"的良性循环。

（1）对现有的科研成果进行系统的教学资源整理。并不是所有的科技成果都适合转化为教学资源，高校青年教师要紧密结合所讲授课程的教学规律和科研成果的内容特征，深入分析教学和科研内容之间的内在联系，对自己的科

---

① 赵醒村，胡炜，等. 科技成果转化为教育资源的途径研究［J］. 科技管理研究，2010（7）：82.

研成果进行系统的归纳和整理。重点需要考虑：成果的科学研究思路是否具有教学价值；成果的实验设计方法是否具有教学价值；研究过程中涉及主要知识点与教材知识体系的对应关系如何；解决科学问题、研究获得成功的难点和重点关键环节的梳理；研究结果或结论可以纳入教学内容的最佳切入点等。高校青年教师作为科研成果的完成者，对科研成果进课堂的不同模式进行大胆尝试和实践，架起教学和科研之间的桥梁。

（2）科研成果转化为课堂教学的内容。课堂教学中，高校青年教师可以把先进的科研成果引入进去，介绍教学内容相关的新知识和科学研究方法，列举具体实例，把理论和实际相结合，增加学生的学习兴趣，化解教学重难点，提高教学质量；还可以将一些具有代表性的学术论文或其他科研成果作为参考资料留给学生课后学习，引导学生思考，培养学生分析和解决问题的能力，进而培养学生的创新能力。在此过程中，高校青年教师展示出过硬的科研能力和专业素质，不仅可以提升个人魅力，还可以提升课堂的吸引力。

（3）科研成果转化为实践教学的内容。实践教学培养学生的实践能力和创新能力，实践教学包括实验教学课、课程设计、毕业设计等。通过在实践类课程中引入高校青年教师的科研成果，将科学研究的方法转化为教学手段，把科研项目具体化为综合性、设计性的实践内容，帮助学生将理论知识应用于实践活动中，培养学生综合实践能力。

（4）科研成果转化为学术活动。科研成果转化还可以融入学生的学术交流活动中。高校青年教师通过学术讲座或者学术报告的形式，把与教学内容有关的学科发展动态介绍给学生，或把与教学内容有关的科研活动或者科研成果介绍给学生，帮助学生扩大知识面，开阔视野。

（5）科研成果转化为导师小组科研活动。很多高校青年教师已经是所在专业的硕士生导师或博士生导师，需要指导一定数量的学生。有的高校为鼓励学生尽早参与科研活动，本科阶段就分配了科研导师。高校青年教师将科研成果带入自己指导的学生小组中，帮助学生制定研究方案，带领学生参与科研活动，锻炼学生的科研能力。

4. 高校提升青年教师科研成果转化能力的政策保障

（1）加强高校科研和教学管理工作的结合。高等学校的科研管理部门和教学管理部门都是学校的重要职能部门，各自发挥着重要作用。科研成果向教学资源的转化，要求高校的科研和教学管理部门不但要在自己的管理领域内下功夫，更要在相互交叉的管理领域通力合作，密切配合，相互支持，为高校科研与教学的融合提供管理上的保障和支持，努力形成"科教相长"的局面，为科技成果向教育资源转化创造良好的政策环境。

（2）将科研成果转化教学资源纳入高校青年教师考核体系。为促进科研成果向教学资源的转化，高校应该将此项作为高校青年教师考核体系中的一个重要指标。当前，高校青年教师中有科研成果的人不少，但是有意愿推动科研成果转化教学资源的人却为数不多。根本原因就在于，这项工作与高校青年教师的考核评聘不相关。高校青年教师更关心自己发表了多少篇科研论文，参与了多少项科研课题的研究，出版了多少本教材或专著，申报了多少项发明或专利，这些无疑加深了教学与科研之间的隔阂。如果把科研成果转化教学资源纳入考核体系，必将调动广大青年教师的积极性，使他们愿意甚至想方设法进行科研成果转化教学资源的工作，从而最终提高高校人才培养质量。

（3）打造高校科技成果转化教学资源的精品示范课程。教师是科研成果是否可以转化为教学资源的最主要因素，也是科研成果有效转化为教学资源的最主要的实践者。高校青年教师中常常有这样的现象：教学能力强的教师科研业绩平平，科研能力很强的老师在教学水平上却表现一般，这极大影响了科研成果向教学资源的转化。高校教学管理部门可以重点选取科研能力强、科技成果多，但是教学能力相对薄弱的青年教师，进行系统的教学能力强化培训，并且为其组建专门的教学团队，打造高校科技成果转化教学资源的精品示范课程，全面推动学校科技成果向教育资源转化的进程。

二、科研成果转化社会服务

2016年5月30日，习近平总书记在全国科技创新大会上提出，科学研究既要追求知识和真理，也要服务于经济社会发展和广大人民群众。广大科技工作者要把论文写在祖国的大地上，把科技成果应用在实现现代化的伟大事业中。高校青年教师作为科研成果创造者的主体，通过产学研合作的发展模式，提升自身学术科研能力，服务国家创新驱动发展战略。

高校作为科研人才集聚、知识生产集中的地方，具有资金、工业生产经验、技术和物质条件相对缺乏的劣势；企业作为将知识产品商业化和产业化的载体，具有技术革新能力相对较弱的劣势，校企合作能够最大限度地发挥双方优势，摒弃双方劣势，推动高校和企业的双赢。高校是科技创新的主力军，企业是科技成果转化的主体。产学研合作可以实现高校和企业之间科技创新资源的优势互补，加速科技成果转化和高新技术产业化进程，对于促进经济结构调整、经济增长方式转变和创新型国家的建设具有重要的战略意义，是科研发展的主要动力，是检验青年教师科研创新成果的关键。

1. 科研成果转化社会服务的现实意义

（1）满足企业技术创新及市场需求。通过对企业的调研表明，高校现有科技成果并不能满足企业实际发展需求，科技成果与市场严重脱节。高校青年教师长期在实验室从事科研工作，"重基础研究，轻成果转化"，从最初研发项目的选题，就过多地偏重于技术与理论，忽视了科研成果在实际产业中的应用前景，缺乏对国家、地方政府的科技工作的政策和战略重点信息的了解，缺乏企业一线的实践锻炼经历，缺乏技术储备和产学研结合的实践经验，研究项目常常与市场需求脱节，成果的转化难度大或完全没有市场，企业不愿花钱购买或联合开发，校企合作难以深入开展，未能将取得的最新科研成果转换成现实生产力，从而形成了一种科研资源的浪费，最终无法实现期望的技术创新目标和成果转化效果。

（2）满足高校教师分类管理考核要求。随着高校教师岗位分类管理和考核评价机制的不断深化，社会服务型岗位将高校教师在国家战略或行业及产业重大需求中取得的自主知识产权、重大技术突破、成果转化效益和技术推广成效作为评价重点，对科技成果转化的数量、科技成果转化的水平、科技成果转化的收益等指标进行定性与定量相结合的考核，对高校教师的技术开发、成果转化、产学研用一体化等提出了具体的要求。科技成果转化能力已经纳入评价考核体系，成为高校青年教师职称评聘的重要依据。

（3）满足高校青年教师专业发展需要及自我价值体现。高校青年教师在与企业合作开发项目或为企业提供科技服务的过程中，增加了接触生产实践的机会，在"知识的提供者"和"知识的使用者"之间建立了密切的合作关系，并通过知识共享达成了产业创新，对青年教师知识视野的开阔、实践能力的培养、问题意识的加强、科研能力的提升都大有裨益，符合高校青年教师专业发展的内在要求，也大大满足了高校青年教师"学以致用"，将科研理论知识转化为看得见的生产力的成就感和自豪感。

2. 科研成果转化社会服务的实施

（1）产学研合作，与企业亲密接触。产学研合作可以为高校青年教师科研意识的加强提供良好的环境。高校青年教师要主动了解所处学科行业状况，进入相关领域调研，将科研兴趣与行业需求相结合，实现科研"走出去"，"将论文写在产品上，将研究做在工程中，将成果转化到企业里"。这样不仅能够激活青年教师的科研动能，丰富行业经验，努力提升自己与企业互动的能力，实现与企业或行业的深层次沟通。青年教师与企业之间的产学研合作能够把教师的科研成果应用到实际产品中去，推动科研成果的产业化进程，为企业带来新技术和新方法，增强企业自主创新能力和竞争力，促进产业结构优化升级，从而取得明显的经济和社会效益。

（2）以团队为依托，以平台为向导。高校青年教师要依托科研团队及产学研创新平台，齐心协力，从学校和企业的实际出发，有针对性地开展成果研发，承担起推动地方产业技术发展的责任。依靠团队带头人的学术造诣、学术声望及学术创新能力，依托产学研创新平台，学习团队中理论及实践专家的综合智慧，不断摸索创新科研方法，完成科研创新和产业创新。可以说，提升高校青年教师科研成果转化能力的最佳途径是在团队合作中激励与促进，而不是孤立状态下进行独立研究。

（3）积极参加培训，理论联系实际。高校青年教师要积极参加各级管理部门、研究合作企业等组织的科研成果转化的理论及实践培训，通过校内外专家的理论培训、生产企业的实践培训，了解创新创业、知识产权保护以及专利申请等知识，提高自身对科研成果转化的认识及能力，树立和明确理论联系实践的科研理念，这也是科研成果转化的必然要求。在培训过程中发现问题、界定问题、论证问题、阐述问题，以研究问题为核心，以技术服务为依托，提升高校青年教师理论与实践相结合的能力，将理论知识应用于企业生产实践当中，服务于企业生产实践当中，促进实践性科研能力的提高。

（4）把握社会需要，提升个人发展。高校的青年教师要认识到科研成果转化项目对于自身发展的意义，将其作为自身能力提升的重要方式。与此同时，青年教师还要深入了解经济社会发展对科技的需要，在经济社会建设中发现科技问题，推动科研和生产相结合，全面提升应用研究与成果转化能力，将相应的科研成果应用到社会经济发展中，凸显出科研对于社会进步的促进作用。

3. 高校促进青年教师科研成果转化社会服务的政策和措施

当前，为了提升高校青年教师科研成果转化社会服务能力，需要尽快做好以下几项工作：

（1）高校要寻求与本学校专业设置相关的企业进行合作，扩大与企业之间的合作领域，在人才合作、技术合作、项目合作的基础上积极开展经费、市场、管理等合作。高校应该利用校企合作的优势为青年教师的科研成果转化提供条件，以提高科研创新的实效性。

（2）高校应为广大青年教师面向国家需要、国际前沿所开展的科研活动，提供必要的条件，并通过在校内设置的自主创新基金项目培育，帮助广大青年教师提升基础研究能力。

（3）鼓励青年教师带着问题到企业相关部门，使高校青年教师的课题研究和企业生产、研发、管理融为一个整体，与企业人员联合攻关，共同制定研究方案，收集整理数据，撰写研究论文，产生科研成果并实施转化利用。对于通过专利转让、合作开发、产品产业化等方面做出突出贡献的青年教师，应该对其进行奖励，做到任何参与科技成果转化的个人与团队都能得到应有的回报，激发高校青年教师参与科技成果转化的热情。

（4）鼓励青年教师努力抓住知识生产和科研创新的战略突破口，力求取得原创性科学研究成果，着力提高高校对产业转型升级、新旧动能转换的贡献率，推动重大科学创新、关键技术突破转变为先进生产力，服务地方经济社会发展。

第六章　高校青年教师专业发展需求分析

第一节　高校青年教师专业发展影响因素分析

高校青年教师的专业发展需求可以理解为青年教师"由于经常出现专业能力的现状与自我期望之间的不平衡状态，从而急需改变这种不平衡状态时表现出的一种稳定的提升胜任力的心理需要"。① 加强对高校青年教师专业发展需求的研究与分析，准确把握其需求内容、结构及变化特点，是开展高校青年教师专业发展促进研究的重要前提。全面认识高校青年教师专业发展需求的影响因素、共性特征、个性特征，在开展差异化分析基础上准确研判当前高校青年教师专业发展客观存在的供需矛盾，才能加强顶层设计，做好统筹安排，进而实现对高校青年教师专业发展需求的"有效供给"，提高高校青年教师专业发展的科学性、创新性、实效性。

当前，学界普遍将影响高校青年教师专业发展的因素归为外部因素和内部因素，外部因素主要是指社会、学校等方面的原因，内部因素主要是指教师自身和家庭的原因。美国学者费斯勒教授认为，影响教师专业发展的因素分为个人因素和环境因素。个人因素包括教师自身的性格、爱好、年龄、家庭背景和获得的赞赏和奖励；环境因素包括学校的规章制度、公众认可度、社会期望、专业发展组织和教师协会的影响程度等。② 我国学者吴捷认为，教师的专业成长是内在因素和外在因素共同作用的结果。外在因素包括社会环境、工作环境、职后培训以及教育教学活动中的特定事件等。外在因素源于社会进步和教

---

① 黄海涛，葛欣. 高校新教师专业发展需求现状与政策建议［J］. 江苏高教，2017（9）：59-63.

② Ralph Fesssler, Judith C. Christensen. 教师职业生涯周期——教师专业发展指导［M］. 董丽敏，高耀明，等译. 北京：中国轻工业出版社，2005.

育发展。内在因素源于教师的自我角色愿望、需要及实践和追求，包括职业精神和理想、自主意识和能力以及研究案例、善于借鉴等。① 专业发展需求是教师实现专业化的基础条件，影响教师专业发展的外部因素和内部因素，必然会对高校青年教师的专业发展需求产生影响和作用。

在借鉴国内外研究成果基础上，我们认为，高校青年教师专业发展需求受到来自教师主体、工作环境以及社会环境等各方面因素的共同影响，具体而言就是个体、学校、社会三个影响因素。从个体层面来看，每个青年教师都是独立的个体，具有明显的个人特征，其专业知识水平、职业发展态度、性格特点等都会促使其产生符合个人实际的专业发展需求，进而在职业发展道路上形成不同的价值观念和追求目标。从学校层面来看，学校是青年教师的工作场所，为其专业发展提供组织支持，学校的组织文化、规章制度、发展目标等都会对青年教师的专业发展需求产生激励或引导作用，促使其对标学校要求和发展目标作出动态调整，努力实现个人发展与集体发展的相协调、相统一。从社会层面来看，青年教师始终处于社会的大变革、大发展之中，社会的文化氛围、政策导向、发展需求等都会对其专业发展需求产生重要而深刻的影响，推动其在关注个人、关注学校的基础上更加关注社会，将个人发展融入时代发展大局，进而在价值层面、道德层面实现升华。因此，准确把握高校青年教师的专业发展需求，有必要对其影响因素进行分析和研究。

一、个人因素

高校青年教师具备明显的个体特征，每位青年教师的个体特征都将作用于专业发展，并对其专业发展需求产生不同的影响和效果。

个人因素是影响青年教师专业发展需求的主要因素，因为个人具备主观能动性，在内外环境的共同作用下，对自身的专业发展具备认知、修复、协调、改进等能力。个人因素主要包括性格特征、专业知识水平、职业发展态度等要素。性格特征是指个人稳定的态度系统和相应习惯的行为风格的心理特征，是个性心理特征的核心部分。不同性格特征的青年教师，对于专业发展需求的态度、选择各不相同，我们应予以重视和研究，在满足青年教师专业发展需求方

---

① 吴捷. 教师专业成长过程及其影响因素研究 [J]. 教育探索, 2004（10）: 117-119.

面努力做到因人而异、因势利导。专业知识水平是指青年教师在某一学科领域已学习和掌握到的知识，并根据社会发展完善到何种程度，以及根据教育教学要求讲授和传播本学科专业知识的能力和水平，简而言之，包括学科知识发展程度和教学能力发展程度两个方面。教师是一种高度专业化的职业，教师不仅要成为精通专业知识的"研究者"，更要成为讲授专业知识的"传播者"，这为青年教师专业发展需求提供了必要选择。职业发展态度是指青年教师对职业发展的看法以及在行为举止方面反映的倾向。职业发展态度的选择和确立，与个人对职业发展的情感认知、价值判断及追求等密切相关，主要表现为职业认同、职业追求、职业道德等。职业发展态度对青年教师专业发展具有明显的正向促进作用，职业发展态度越积极，其专业发展意愿就越强烈，对于专业发展需求的分析也将更主动更深入，可以更好地帮助青年教师认识到自己的优势、不足以及可以采取的举措，并在此基础上加强职业发展规划，在专业发展能力提升的过程中不走或少走"弯路"。

个人因素对青年教师专业发展需求的影响具有主动性、综合性、复杂性等特点。首先，个人因素能有效刺激青年教师的专业发展需求。基于人的全面发展、教师的全面发展而言，教师个体的主观能动性在形成专业发展需求方面占据主导地位，一个具备崇高职业理想、远大职业发展目标的青年教师，必定会在专业发展能力提升方面提出高标准严要求。其次，在个人因素影响下，青年教师的专业发展需求呈现多样化的个性特征。不同性格特点、不同职业发展态度、不同专业知识水平的青年教师，对于专业发展需求的态度各不相同，对于专业发展需求的内容、结构等也会有不同的偏向性选择。比如，在掌握教育教学技能的基础上，一个具备扎实专业基础，接受过严谨科学研究训练的青年教师，相对而言会更加关注学科前沿，更加重视学术研究能力的提高。再次，基于对个人专业发展能力现状的客观认识，青年教师往往会作出反应并提出特定的专业发展需求。比如，高校青年教师大多具备高学历，并在专业领域接受过一定的研究训练，但由于缺乏必要的教师教育训练，在入职初期往往存在"讲不清""讲不好""讲不下去"等问题，因此，对于新入职教师而言，掌握教育教学技能成为他们最迫切的发展需求。最后，个人因素会在职业价值观层面对青年教师的专业发展需求选择产生深层次影响。具备强烈职业发展意识的青年教师，通常会将个人的专业发展需求置于学校发展、社会发展、国家发展的背景下去思考，会更多地从价值取向、精神境界、道德素质等层面去审视，在注重学科专业能力、教育教学能力发展的基础上，更加重视教书育人能力发展，把学生的人格塑造、能力培养和习惯养成放在与知识教育同等重要的位置，帮助学生"扣好人生第一粒扣子"，树立科学的世界观、人生观、价值观。在此基础上，更好地实现个人职业发展与教育事业发展的相统一，实现个人价值追求与学校发展目标、社会价值引领的相统一。

二、学校因素

高校作为社会系统中的教育组织，承担人才培养、科学研究、社会服务、文化传承创新等重要功能，这些功能主要通过教师的工作得以体现。作为高校的生力军和后备军，青年教师的成长发展与学校的长远发展密切相关，高校有责任、有义务为青年教师的专业发展提供有力支持。

学校因素对青年教师专业发展需求具有重要影响，综合国内外研究成果，我们认为其主要包括资源条件、组织文化、发展目标、规章制度等要素。资源条件是指物质资源，也就是学校的图书馆、实验室、教学设备等硬件设施，是青年教师完善学科专业知识、开展教学科研活动的基础条件。组织文化是一个组织由其价值观、信念、仪式、符号、处事方式等组成的其特有的文化形象，高校的组织文化是经过历史积淀形成的被广大师生员工所共同认可的价值观和行为模式，是大学发展的内在核心力量，为青年教师发展提供氛围和环境。[1]发展目标是学校根据社会对高校提出的期待和要求，结合办学实际，对未来一段时期内学校所能达到的境界或标准作出的预判，对青年教师的专业发展具有引导作用。规章制度是高校制定的用于规范内部管理、开展正常教学科研活动的各种规则和制度，一些具体制度如教师评价制度、岗位评聘制度、教师培训制度等，对青年教师的专业发展提出了明确的要求和任务，在一定程度上影响青年教师作出何种专业发展需求选择。

学校因素对青年教师专业发展需求的影响和作用，可以从三个方面认识和理解。首先，学校因素对青年教师的专业发展需求具有明显的刺激作用。比如，资源条件提供物质资源支持，组织文化提供精神动力支持，共同创造青年教师成长发展的良好环境，能够有效激发青年教师自主发展的主观能动性。其

---

[1]　徐彦红. 大学青年教师专业发展影响因素研究 [D]. 北京：首都经贸大学，2017：111.

次，从价值观层面来讲，学校组织文化有着强大的精神感召作用，一个了解、认同、接受学校组织文化，并内化为自身内在价值的青年教师，会更加渴望成为一名优秀教师，因而会呈现出更加旺盛的专业发展需求。其次，学校因素对青年教师的专业发展需求具有一定的导向作用。学校是青年教师专业发展的坚实后盾，青年教师的专业发展应当处理好个人和组织的关系，只有主动将个人发展融入学校发展，才能实现个体的更好更快发展。比如，在当前建设"双一流"大学的时代背景下，青年教师在进行专业发展需求选择时，不能仅仅满足于对基础教学技能的掌握，还应将目光投向金课建设、一流本科教学质量建设、创新学科研究等方向。最后，学校因素对青年教师专业发展需求具有"压力传导"作用。高校不仅为青年教师的成长发展提供政策、经费、资源支持，同时也通过发展目标、规章制度等要素对青年教师专业发展的方向、目标提出明确要求。比如，根据《教育部关于深化高校教师考核评价制度改革的指导意见》精神，高校在开展教师评价时可以采用教师专业发展考评指标，根据学校实际情况细化对教师专业发展的具体要求；再如，根据学校总体发展目标，高校普遍会对不同类型青年教师群体提出相应的专业发展任务，而这些又与青年教师的职称评定、岗位聘任等息息相关，因此，学校因素对青年教师专业发展需求的影响不仅仅是刺激性的，还是压力性的，适当的压力传导，对青年教师专业发展将起到积极的促进作用。

三、社会因素

基于人的社会属性，教师在社会分工中扮演重要角色，在推动人类文明进步的进程中发挥重要作用。教师职业的特殊性决定其要根据社会发展提升专业发展能力，通过更新知识、提高育人水平、服务社会需求等途径实现教师的职责与使命。

社会因素主要包括社会经济发展水平、社会发展需求、社会文化、政策法规等要素。社会经济发展水平的高低对青年教师专业发展具有深远影响。一般而言，社会经济发展水平越高的国家和地区，与之相适应的高等教育体制改革也推进得更深入，会更加关注和重视青年教师的专业发展，并通过经费、政策、项目等多方面的综合支持予以激励。另外，伴随社会经济发展，我们已迈入信息时代，教育现代化、教育信息化的时代特征日益明显，对青年教师教育教学改革也提出了新要求、新任务，学习掌握教育新技术、新方法，提高信息化教学能力，逐渐成为青年教师专业发展需求的重要选项。社会发展需要对于调整青年教师专业发展需求结构具有引导作用。青年教师在提升专业发展能力的过程中，应立足校园服务社会，结合社会发展需求确定个人学科专业领域的重点研究方向，通过产学研合作、促进科研成果转化等方式提高社会服务能力，努力实现个人的社会价值。社会文化对高等教育价值观产生影响，会对高等教育的目的及教育内容产生影响。同时，高等教育也对社会文化具有传承和发展的作用。① 一个社会对教师的评价和认可度越高，尊师重教的氛围也就更加浓厚，教师的成就感、幸福感也就更容易获得，教师会更多地从价值观层面考虑提高专业发展能力的意义，在专业发展需求的选择方向上也会更加重视教书育人能力的提升。政策法规是推动教师专业发展的重要保障，在丰富专业发展需求内容、改善专业发展需求结构、增加专业发展需求项目供给等方面为青年教师指明了方向，只有掌握好政策性要求，青年教师才可能事半功倍地提升专业发展能力。

　　社会因素在青年教师专业发展需求的影响因素中处于"外延"地位，其影响并不是直接的、显性的，但作用可以是稳定的、持久的。首先，社会因素可以直接作用于青年教师本身，也可以通过影响学校因素进而影响青年教师的专业发展需求。比如伴随我国社会主要矛盾的变化，人民对美好生活的向往，当前对接受高质量的高等教育提出了更高要求，青年教师必然要提升专业发展能力，为全面提高高等教育质量作出力所能及的贡献。再如，作为社会的重要组织，学校要根据政策要求以及服务区域经济社会需要，对青年教师专业发展做出方向性指引，并结合学校实际提出细化要求和具体任务。其次，社会因素对于促进青年教师专业发展具有宏观调控作用，并通过适当的行动促使其发展潜能成为现实。社会因素可以调动各类社会资源，对青年教师专业发展作出总体布局和统筹安排，能够根据青年教师专业发展现状，通过政策引导、项目供给、经费支持、资源建设等途径解决一些深层次关键性问题，进而实现对青年教师专业发展需求的"有效满足"，改善青年教师专业发展不平衡不充分的状况。最后，社会因素在价值引领方面发挥重要作用，能够引领青年教师实现从知识境界，到教育境界再到道德境界的飞跃。社会发展依赖人的发展，教师作

　　① 徐彦红．大学青年教师专业发展影响因素研究［D］．北京：首都经贸大学，2017：44-45．

为教育工作者，不能只满足做传播知识的"教书匠"，更要学会做培养人、塑造人、造就人的"教育家"，对于青年教师而言，不仅要"学高为师"，还要"身正为范"，通过自己的实际行动引导青年大学生健康成长。

高校青年教师是在和学校、社会的互动中实现成长和发展的。一方面，个体、学校、社会这三个因素对青年教师专业发展需求共同产生影响和作用，各个因素既相互独立又相互依存，我们要树立全面性、系统性、综合性的研究视角，从多个维度思考和审视青年教师专业发展需求的供给和满足。另一方面，在个体、学校、社会这三个影响因素中，又分别包含多个影响要素，他们对青年教师专业发展需求的影响和作用既存在共同点，又有不同之处，任何一个具体要素发生问题，都有可能带来"牵一发而动全身"的效果，不仅影响到青年教师专业发展需求的满足，也会影响到青年教师专业发展质量的提高，因此，对高校青年教师专业发展需求影响因素的研究，要从单独关注个体特征、学校环境或社会环境发展为系统地、全面地关注各个层面的具体要素。

第二节　高校青年教师专业发展需求的共性特征与个性特征分析

高校青年教师专业发展是一个连续的、动态的，贯穿于职业生涯始终的过程，基于青年教师专业发展的长期性、系统性、复杂性，其专业发展需求不仅具备共同的表现特征，也将呈现多样化、个性化、差异化等特点。在加强青年教师专业发展需求影响因素分析的基础上，进一步了解和认识青年教师专业发展需求的共性特征和个性特征，是我们加强分类指导，做好统筹安排的前提条件，对于促进各类青年教师专业能力的科学发展、全面发展、均衡发展具有重要意义。

一、共性特征的归纳性分析

共性特征是指不同事物的普遍性质。不同的青年教师虽然具备不同的专业发展需求，但从总体上看，不同个体的需求聚合在一起之后会呈现出共同特质，这些特质具备普遍性、共通性。青年教师专业发展需求共性特征的归纳分析，对于进一步认识和把握青年教师专业发展需求的变化规律，更好地促进青年教师全员发展、全面发展具有一定的参考价值。

1. 青年教师专业发展需求呈现积极态势

伴随高等教育改革发展，特别是在"双一流"本科建设的时代背景下，青年教师在提高高等教育质量进程中的生力军作用愈发明显，在政策引导、目标考核、同行激励等多种因素的共同影响下，绝大多数青年教师具有强烈的自主发展意识，普遍重视专业发展能力的提升。根据面向全国 31 个省（区、市）高校青年教师开展的"高校青年教师专业发展能力提升问卷调研"（有效样本 5954 份，以下简称"专题调研"）显示，从需求动机来看，青年教师的自我发展诉求占据主导地位，"自我提升需要"选项的选择占比为 74%，在所有选项中位居首位，表明青年教师基于个人成长的发展意愿较为强烈，对于专业发展能力提升的自主性较强。

2. 青年教师专业发展需求内容分布多个维度

国内外学者关于青年教师专业发展需求内容的界定和表述不尽相同，但主要都集中在教学能力发展需求、科研能力发展需求、育人能力发展需求、社会服务能力发展需求等维度，在每个维度之下还可以细分出更加具体的内容需求。上海师范大学黄海涛教授认为，高校初任教师的教书育人发展需求包括提升教学技能的需求、增长教学知识的需求、转变教学理念与态度的需求、获得教学支持的需求；科学研究发展需求包括加大科研支持的需求、参加学术共同体的需求、改善科研环境与氛围的需求、科研指导的需求；社会服务发展需求包括反哺教学和科研的需求、个人需求。① 在开展专题调研过程中，我们发现，总体而言，青年教师对于各个维度需求内容的选择态度各不相同。

第一，教学能力发展是首要需求。青年教师认为当前最紧迫的专业发展需求是提高教学素养，选择占比为 57%，超出科研能力、创新实践能力、国际化视野等选项，这与青年教师处于职业发展初期，缺乏教育教学训练急需站稳讲台有关。在教学能力发展方面，青年教师关注的具体需求主要有"更新教育理念、掌握教学技能、开展教学改革、加强教学反思、提升信息化教学水平"等。

第二，科研能力发展是普遍性需求。基于高校承担的科学研究职能，以及受长期以来高校教师评价制度影响，青年教师普遍重视科研能力提升。大部分

---

① 黄海涛，葛欣. 高校初任教师专业发展需求的结构及问卷编制 [J]. 江苏高教，2019（19）：83-86.

青年教师认为应正确看待和处理教学与科研的关系，教学与科研可以实现相互促进，科研能力的提升可以反哺于教学。青年教师关于科研能力发展的具体需求主要有"学术论文写作、科研项目申报、科研成果转化、交叉学科研究、学术思维与研究方法"，等等。

第三，社会服务能力发展需求不够明显。社会服务能力的提升不仅可以为社会发展提供直接的技术服务和智力支持，也可以促进课堂教学与生产实践相结合，促进人才培养与社会需求相结合。然而，由于缺乏政策支持、缺少行业实践经历、没有建立校企校地合作机制等原因，青年教师对社会服务能力的发展没有给予足够的关注和重视，故而在此方面的发展需求不够明显，具体需求主要集中在"社会兼职、企业顶岗锻炼、产学研合作"等方面。

第四，育人能力发展需求尚未得到充分满足。教育的目的是为社会发展、为人类进步培养合格人才，我国的教育目的强调培养德智体美等方面和谐发展的社会主义建设者和接班人。作为教育工作者，青年教师不能只满足于完成好教学科研任务，更要主动承担起当好学生"引路人"的职责与使命，引导青年大学生树立正确的世界观、人生观、价值观。调研过程中，青年教师普遍反映目前的专业发展活动侧重教学能力发展和科研能力发展，育人能力发展活动安排相对零散，内容和形式比较单一，主要是学习职业道德政策或是个别优秀教师的成长报告，缺乏专门性、系统性，建议统筹安排"职业道德政策解读、优秀教师示范引领、学生心理沟通技巧、学科知识价值引领、学生实践活动设计与组织"等内容，并通过专题报告、团队协作、实践考察、名师引领等多种形式实施，提高育人能力发展活动的生动性和吸引力。

3. 青年教师专业发展需求选择伴随职业发展作出动态调整

基于青年教师的个体特征，其发展需求必然存在倾向性选择。比如，一个对课堂教学无比热爱的教师，必定会加强教学研究，提高教学水平；一个有着长期科研训练基础的青年教师，相对而言会更加关注学术前沿，更加重视科研能力发展。但是，这种选择偏好并不是一成不变的，伴随职业发展进入不同阶段，青年教师的专业发展需求选择会作出一定调整。不同职业发展阶段对青年教师专业发展的目标、要求都不一样，决定其专业发展需求的侧重点也各不相同，从讲好一堂课到建设好一门课程，从写好一篇学术论文到主持一项科研项目，这是不同职业发展阶段对青年教师提出的不同要求，这种转变不仅需要时间积累，也需要经验积累，要求青年教师树立终身学习理念，立足专业能力全面发展、协调发展、均衡发展的客观要求，根据职业发展阶段的特点和要求做出相应调整。

4. 青年教师对专业发展项目的高质量实施提出更高要求

青年教师专业发展能力提升路径主要来自两个方面，一是个人的自主学习，这是最基础的发展路径；二是教育行政部门或高校组织的专业发展项目，因其特定的目的性针对性，一般而言能在一定时期内对青年教师某项专业发展能力的提升带来积极效果。伴随社会发展和时代变化，基于教学科研工作中遇到的新情况、新问题，青年教师不仅仅满足于专业发展项目能够实施，更希望项目实施效果能达到预期，对自己专业发展能力提升真正起到作用，因此在目标引领、师资选配、内容设计、组织管理等方面对专业发展项目的实施质量提出了新的更高要求。专题调研显示，青年教师关于项目类型的选择首选访学研修类，关于实施形式的选择首选协同培训模式，关于实施时间的选择首选三个月以内的中短期培训项目，对我们加强专业发展项目的顶层设计提供了一定的参考价值。

二、个性特征的差异化分析

个性特征是指一个事物区别于其他事物的特殊性质。青年教师由不同个体组成，其专业发展需求必然存在明显的个性化差异，不同地区、性别、年龄、职称、教龄、学科的青年教师，其在专业发展需求方面都会作出个性化的选择，因此，提高青年教师专业发展工作的科学性，要坚持分类指导思想，针对不同类型青年教师的专业发展需求开展差异化分析。结合专题调研结果，我们主要从地区、职称、教龄、高校类型等四个维度，就青年教师专业发展的"需求动机、需求态势、内容需求、项目需求"等开展具体研究与分析。

1. 基于地区的差异化分析

按东部地区高校和中西部地区高校进行差异化分析。从需求动机来看，在基于自我发展诉求的基础上，东部地区高校青年教师更侧重"结交同行需要"，中西部地区高校青年教师更侧重"岗位聘任需要"。从需求态势来看，中西部地区高校青年教师参与积极性高于东部地区，对各级教育行政部门以及学校实施专业发展项目的期待更高，希望能有更多机会参加有组织的学习培训。从内容需求来看，在基于教学能力发展为首要发展诉求的基础上，中西部地区高校青年教师同比东部地区对于学术科研能力发展、创新实践能力发展的需求更为明显，这与中西部地区高校高层次科研团队相对较少，青年教师在学术能力培育方面缺乏团队支持；中西部地区高校青年教师自身素质与评聘考核要求存在一定差距，应对科研考核压力相对更大；受经济发展、区域文化等因素影响，东部地区高校的科研环境更加优越、创新氛围更加浓厚等密切相关。从项目需求来看，在基于首选均为"访学进修类"项目基础上，东部地区高校青年教师更青睐"企业实践类"项目，更倾向于短期培训项目；中西部地区高校青年教师更倾向"专题研修类"项目，更倾向于中长期培训项目。

2. 基于职称的差异化分析

针对初级、中级、副高、正高等四类职称青年教师进行差异化分析，从需求动机来看，不同职称青年教师都将自我发展的需要放在首位，但职称越低的青年教师，选择"岗位聘任需要""完成规定任务需要"等选项的比例越高，对于具备正高职称的青年教师而言，"结交同行需要"选项比例较高，表明职称越低的青年教师，更容易受到评聘考核要求等外在的压力性任务的影响。从需求态势来看，青年教师参与积极性与职称级别呈现负相关，职称越低，参与积极性越高；职称越高，参与积极性越低，这与青年教师在不同职业发展阶段呈现的专业发展水平有关，也与职业倦怠、激励举措、组织支持等因素有关。从需求内容来看，职称越低的青年教师，对于教学能力发展、科研能力发展的选择比例越高，职称越高的青年教师，对于国际化视野的选择比例越高。表明职称越低的青年教师，更加关注教学素养等基础性、职业适应性的发展需求，职称越高的青年教师，更加关注国际化等高层次、能力拓展性的发展需求。从项目需求来看，正高职称青年教师首选"专题研修类"项目，而初级及以下、中级、副高职称的青年教师首选均为"访学进修类"项目。

3. 基于教龄的差异化分析

针对教龄1年以下、教龄1~3年、教龄4~5年、教龄6~10年，教龄10年以上等五类青年教师进行差异化分析。从需求动机来看，不同教龄青年教师首选均为自我发展的需要，但"岗位聘任需要""完成规定任务需要"等选项与教龄呈现负向相关，教龄越短，选择比例越高，表明教龄越短的青年教师更容易基于评聘考核要求参加专业发展活动。从需求态势来看，教龄1年以内以及6~10年以内的青年教师参与积极性最高，而教龄4~5年的青年教师参与积极性最低。通过分析，我们认为，青年教师在入职初期，因自身能力与岗位要求存在较大差距，参与专业发展活动的愿望最为迫切。在经过数年积累，适应教学科研活动基本要求的前提下，因处于事业上升期，教学科研任务相对更重，因此没有足够的时间和精力参与更多的专业发展活动。但是当其进入发展的"高原期"，也就是指在知识形成的中后期出现进步暂停甚至后退现象的时期，① 在专业发展能力提升过程中会遇到一些制约瓶颈，但通过内外因素的共同作用，其专业发展需求将会再次得到有效刺激，推动其知识与能力继续提高达到新的层次。从内容需求来看，不同教龄青年教师的首选需求呈现明显差异，教龄1年以内与1~3年的青年教师均选择教学能力发展，教龄4~5年的青年教师选择科研能力发展，而教龄6~10年和10年以上的青年教师均选择国际化视野提升。从项目需求来看，除教龄1年以内和教龄10年以上的青年教师首选"专题研修类"项目之外，其余三类教龄的青年教师首选均为"访学进修类"项目。

4. 基于高校类型的差异化分析

按照中央部委属高校和地方高校进行差异化分析。从需求动机来看，在基于自我发展需求均为首选的前提下，中央部委属高校青年教师更侧重"结交同行需要"，地方高校青年教师更侧重"职称晋升需要"和"岗位聘任需要"，表明中央部委属高校青年教师更加重视能力拓展，希望通过参与专业发展活动寻求同行支持或学术合作；地方高校青年教师更趋向成长考核，希望通过参与专业发展活动达到岗位评聘要求。从需求态势来看，地方高校青年教师参与积极性高于中央部委属高校青年教师，表明地方高校青年教师希望能有更多机会参与各级各类专业发展项目。从内容需求来看，不同类型高校青年教师均将提高教学能力发展作为首要需求，在此前提下关注重点有所不同，中央部委属高校青年教师更加关注国际化视野拓展，与其教师来源更加多元化、参与国际学术交流机会更多有着密切关联，地方高校青年教师更加关注科研能力发展、创新实践能力发展，这与地方高校拔尖人才、创新团队相对缺乏，学术竞争力以及科研能力相对薄弱，教师参与科研培训机会较少等因素有关。从项目需求来看，不同类型高校青年教师的总体选择基本一致，并呈现一定差异，中央部委属高校青年教师对于"访学进修类"项目的选择比例更高，地方高校青年教师对于"企业实践类"项目的选择比例更高。

---

① 林浩亮."高原期"教师专业发展——以教师专业发展学校为平台 [J].继续教育研究, 2014（1）：87.

三、总体特征认识

重视并探索青年教师专业发展需求的变化规律，是我们进一步做好青年教师专业发展能力提升工作的重要前提，在准确把握好青年教师专业发展需求共性特征和个性特征的基础上，我们还应从高等教育改革发展要求、教师职业发展要求、教师专业发展项目实施要求等层面，全面认识高校青年教师专业发展需求的总体特征。

1. 青年教师专业发展的动态需求与适应高等教育改革发展的总体要求存在矛盾

高校青年教师的专业发展需求具有明显的动态特征，伴随职业发展进程处于动态变化之中，其动态化的专业发展需求，必须适应高等教育的改革发展，与高等教育改革发展的方向和要求保持一致。但在专题调研中，我们关注到两个主要问题：一是教育技术变革对高等教育产生重要影响，在高等教育现代化、信息化的时代背景下，高校青年教师对教育新技术的理解不够全面，对新技术的掌握和运用相对不足；二是创新型人才培养是"双一流"建设的重要内涵，对青年教师创新实践能力发展提出了更高要求，但总体而言，青年教师对创新实践能力发展的内涵、形式、路径等认识不够全面，对于引入科研院所、行业企业协同培养机制的重视和认同没有达到相应程度。因此，在促进青年教师专业发展工作方面，要更加重视教育新技术运用、创新实践能力培育等方面，推动青年教师适应高等教育改革发展的新形势、新要求。

2. 青年教师的主观需求与教师职业发展的客观要求存在矛盾

教师行业有其特殊性，教师成长也有其规律性，作为知识和技能的传授者，提高教学能力和水平，是教师职业的基本要求，应贯穿职业发展的全过程。高校青年教师尽管学历高、年轻化，但也在心理应对、语言表达、教学技能掌握等方面存在不足，因此首要的是提高教学基础能力，在教学素养方面达到相应要求，才能分阶段、有步骤地实现个人能力的全面发展。但在专题调研中，我们也发现，一些青年教师的专业发展需求呈现一定的功利性，受教师评价导向、个人成长考核等因素影响，部分青年教师对科研能力发展、国际化视野培育等方面显示浓厚兴趣，但对于教学能力发展尤其是基础性教学技能掌握的重视不够，必须加以引导推动青年教师专业发展的主观诉求与教师职业的客观要求相适应。

3. 青年教师的个性需求与专业发展项目的统一实施存在矛盾

青年教师专业发展需求有其共性，但具体到个人呈现鲜明的个性特点，关于教学能力、科研能力、育人能力、创新实践能力、国际化视野等具体发展需求，不同青年教师的关注重点有所不同。此外，从地区、职称、教龄、高校类型的差异性分析来看，不同类型青年教师群体也各有关注重点，有着特定的发展诉求，应加强分类指导，有针对性地做好相关工作。从现实情况来看，青年教师专业发展个性化支持问题依然突出，各级教育行政部门以及高校提供的专业发展项目比较单一，且按照统一的目标和要求组织实施，缺乏统筹规划和细致分析，难以满足青年教师多样化、个性化的发展需求，这种忽视不同类型青年教师实际发展需求的"一刀切"现象急需改进，要求我们重视并加强教师专业发展项目建设，以适应不同类型青年教师的多层次性和复杂性的专业发展需要。

第三节　高校青年教师专业发展供需矛盾分析

我们党和国家历来重视高校青年教师专业发展工作，将其作为加强高校教师队伍建设的重要内容，摆在十分突出的位置。党的十八大以来，以习近平同志为核心的党中央多次对高校教师队伍建设作出指示，为青年教师专业发展指明了方向。在习近平新时代中国特色社会主义思想引领下，高校青年教师专业发展工作取得长足进步，国家出台了促进高校青年教师专业发展的相关政策，各地各校加大了经费、政策、项目、资源等支持，青年教师专业发展工作整体态势良好，为推进教育强国战略的实施，提高我国高等教育的核心竞争力作出了积极贡献。但是，在取得成绩的同时，我们还应注意到，高校青年教师专业发展供需矛盾依然存在，青年教师专业发展不充分不平衡的特征尤为明显，我们要坚持实事求是的思想，以改革创新的勇气着力破解前进道路上存在的深层次关键性问题，推动高校青年教师专业发展工作再上新台阶取得新进展。

一、供需矛盾的主要表现

根据专题调研的情况，我们认为，当前高校青年教师专业发展供需矛盾主要体现在专业发展项目的数量、质量、结构以及组织支持等方面。

1. 供给不足，青年教师参与比例总体偏低

总体而言，全国高校青年教师参加专业发展项目的次数和频次相对偏低，中西部地区的地方高校尤其明显。根据专题调研显示，近一年内有超过 30% 的青年教师参与过专业发展活动的高校不到四成，地方高校的比例仅为 28.3%，说明校级专业发展活动的覆盖面不广，青年教师总体参与度不高；近三年内参加专业发展活动不足三次的青年教师占比为 77.6%，没有参加过任何一次专业发展活动的青年教师占比为 7.7%，表明专业发展活动还没有固化为青年教师职业发展的常规性安排。从经费投入来看，各地各高校的经费支持力度尚不能满足青年教师旺盛的专业发展需求，尽管近年各地各校的经费绝对数在不断增长，但人均经费依然不足，在一定程度上影响了专业发展项目的建设与实施。

2. 质量建设与青年教师的期待存在一定差距

专业发展项目数量上的相对不足，客观上没有为青年教师提供更多的专业发展选择的可能性，一部分青年教师基于管理部门的任务要求"被动参与"，具有一定的随意性和盲目性，因此对一些专业发展项目的整体评价不高。另外，决策者在顶层设计时没有开展针对性的调研，没有基于问题导向审视项目的组织和实施，与青年教师的实际发展需求相背离，以致项目实施满意度较低，没有达到预期效果。再次，在组织实施专业发展项目的过程，没有遵循"以师为本"的工作理念，没有顾及不同青年教师群体特点，缺乏个性化的指导和帮扶，缺乏与参与对象的互动沟通，项目实施始终按照既定思路实施没有动态调整。最后，在加强"双一流"本科建设背景下，青年教师关于专业发展项目的内容体系、实施形式、师资安排、组织管理、评价考核等呈现出新的需求变化，比如关于岗前培训，很多青年教师认为培训内容脱离新入职教师实际需求，存在重理论轻实践的问题；关于国内访问学者项目，存在资助标准低、规模小、管理松散等问题，组织管理部门往往没有及时关注并作出行动，影响了青年教师的参与积极性。

3. 青年教师专业发展的不充分不平衡特征明显

首先，青年教师专业发展能力提升缺乏一定的协调性、全面性。青年教师的专业发展选择往往带有个人偏好，尽管能激发其提高某类专业能力的潜能，但如果不重视各类专业能力的协调发展，很可能影响其发展质量，决策部门要予以重视并加强引导，促进青年教师全面发展。比如，在调研中我们发现，大多数青年教师的关注重点是教育教学能力和学科专业能力的发展，对教书育人能力的发展没有引起足够的重视，一些青年教师认为只要负责好课堂教学就履行好了职责，没有意识到教师要在知识体系的传播教育过程中，注重对学生科学道德、科学伦理的教育，呼唤学生的责任心、道德感和使命感，引导学生在价值取向上有更高的追求。其次，不同类型青年教师专业发展需求的满足程度存在不平衡性。专题调研显示，就"参与专业发展项目的机会"以及"获得足够的专业发展资源支持"两个评价指标而言，总体上看，东部地区要高于中西部地区；中央部委属高校要高于地方高校；副高以上职称青年教师要高于中级及以下职称青年教师，进而导致不同类型青年教师的专业发展水平呈现一定差异。再如，青年教师专业发展经费的投向结构有待改善。总体而言，成长资助类和学术科研类占据主要部分，而关于教学技能、职业道德、社会服务等项目的经费投入相对较低。以某中央部委所属大学为例，每年用于青年教师专业发展的经费约 1000 万元，其中为减轻青年教师生活压力的成长资助类经费占据大半，剩余部分又主要投向学术会议、国内外访学方面，经费支持的不平衡性客观上也会带来教师专业发展的不平衡性，在教师专业发展导向方面没有发挥出应有的示范效应。最后，青年教师专业发展项目存在结构性缺陷，实施效果有待提高。根据专题调研显示，目前各地各校的青年教师专业发展项目主要集中在人才支持类、学术科研类等方面，教学研究类、社会服务类、职业道德类的项目偏少，尚不能满足不同类型青年教师的实际发展需求，有必要对专业发展项目作出结构性调整。

4. 青年教师专业发展的组织支持力度不够

一是高校教研室（系、部、所）等基层教学组织的日常性培育作用没有充分发挥。专题调研显示，超过 1/3 的教研室（系、部、所）"不开展"或"偶尔"开展教学研究活动，青年教师普遍表示希望能够接受本专业有经验教师尤其是学科带头人的帮扶指导。二是校级教师专业发展机构的作用发挥有待加强。相比海外高校而言，教师专业发展机构建设在我国起步较晚。2007 年，首都经济贸易大学在全国高校中较早成立教师发展中心。2012 年，教育部发文启动国家级教师教学发展示范中心建设，以此为契机，各高校逐渐建立本校教师专业发展机构，在推动青年教师专业发展过程中发挥了重要作用。但是，建设过程中也存在理论研究缺乏、工作定位不准、职能划分不清、特色不够鲜明、专业从业人员缺乏等突出问题，一些高校的相关机构虽然挂牌但很少开展相关工作。三是高校师资培训中心体系服务青年教师专业发展的现状不容乐观。全国高校师资培训中心体系在特定时期为促进青年教师专业发展发挥了重要作用，但调研过程中，我们发现，因经费政策支持力度不大、工作创新性不够、项目开发建设能力不强等原因，培训中心体系的服务能力和水平整体呈下滑趋势，部分中心甚至被并入其他单位合署办公。四是各级各类组织机构缺乏有效的协同配合，高校主体地位有待凸显。目前，各级各类组织机构存在条块分割、重复建设等问题；全国高校师资培训中心体系中的大区和省级中心在平台建设、区域协调、资源共享等方面的作用有待加强；高校未能充分发挥在青年教师专业化发展过程中的主体地位作用，校内相关机构的工作活力、工作特色有待凸显。五是管理队伍专业化水平有待提高。促进高校青年教师专业发展，对管理队伍的专业化建设提出了新的要求，管理队伍应进一步加强理论研究和实践探索，提高工作科学化水平。

二、产生供需矛盾的原因探究

高校青年教师专业发展的供需矛盾客观存在，而且可能长期存在。全面提高青年教师专业发展质量，不可能一蹴而就，需要一以贯之的重视和努力。解决高校青年教师专业发展的供需矛盾，要求我们对产生矛盾的原因进行全面分析。基于影响青年教师专业发展需求的因素主要来自个人、学校和社会，我们试图从这三个层面加以探究。

1. 个人层面

一是主观因素。有的青年教师对专业发展的重视程度不够，参与专业发展活动的主观能动性不强；有的青年教师对于专业发展能力的结构认识不全，基于个人偏好选择性地参与专业发展活动，忽视专业能力的全面发展；有的青年教师缺乏职业发展规划，对个人专业发展的定位、方向、目标不够清晰，参与专业发展活动的目的性不强。青年教师尤其是初入职的新教师，由于缺乏教书育人实践经验，加上对教师职业特点以及高等教育发展规律的认识不够，对于专业发展有时会比较迷茫，如果没有针对性的指导，他们在表达专业发展诉求、进行专业发展选择时往往会带有一定的盲目性、随从性。二是压力因素。基于工作压力、生活压力、职称评定压力等原因，青年教师参与专业发展活动的热情呈下滑趋势。在专题调研中我们发现，要尤其重视对两类青年教师的引导。第一类是入职5年以内的青年教师。这类青年教师通过岗前培训和工作积累，基本上胜任岗位要求，正处于职业发展上升期，承担的教学科研任务相对较多，但是伴随结婚组建家庭，由此产生的购房、抚养子女等问题也日益显现，应对工作和日常事务占据了他们的大部分时间。在这种情况下，他们还要同时面临职称评定等压力。目前很多高校与获得博士学位的青年教师在签订聘用合同时，大多有"非升即走"的规定，他们需尽快完成论文发表、课题结题等科研任务，投向专业发展活动的时间相对不多。第二类是入职7年后的青年教师。这类青年教师往往开始进入发展"高原期"，大多没有"非升即走"的职称评定压力，逐渐成为教学科研骨干，有的甚至评定了正高职称，但是伴随教学科研习惯的固化，他们在专业发展能力提升过程中也会遇到一些瓶颈性问题，如教学方法创新、科研成果转化、育人手段更新，等等，难以实现自我突破，同时也容易产生职业倦怠情绪，需要通过更具针对性、个性化的帮扶，激励其创新探索，挖掘发展潜能。

2. 学校层面

一是缺乏总体规划。大部分高校没有制定专门的青年教师专业发展规划，没有提出明确的短期目标和长远目标，以及实现这些目标可以采取的具体行动，尤其缺乏对不同类型青年教师的分类指导，整体而言工作的整体性、连续性、系统性不强，支持青年教师专业发展的长效机制建设有待加强。二是缺少工作调研。部分高校在加强专业发展项目建设的过程中没有遵循"以师为本"的问题导向原则，没有呼应学校青年教师的实际发展需求，项目设计和组织实施带有一定的主观色彩，突出完成上级领导、部门的任务性要求，开展专业发展活动具有一定的随意性、强制性，导致青年教师参与度不高，实施效果难以尽如人意，久而久之学校开展专业发展活动的群众基础日益薄弱。三是缺乏协同合作。从校内协同来看，有的高校还没有形成支持青年教师成长发展的联动机制。比如教师发展中心与二级学院的联系不够密切，导致教师专业发展活动的覆盖面不够均衡；比如教师专业发展活动组织部门与教师教学能力评价部门、教师绩效考核部门没有建立有效的合作机制，没有促进相关工作项目的有效衔接；比如教师专业发展工作负责部门与资源供给部门缺乏深度合作，青年教师专业发展信息化平台建设滞后，利用现代化技术促进青年教师"时时学习、处处学习"的局面还未形成，等等。从校外协同来看，有的高校较少开展针对青年教师专业发展能力提升的校校合作、校企合作、校地合作等，不能为青年教师提供更广阔的专业发展平台，学校也没有引入更多的校外资源，没有促进优质资源的应用和共享。

3. 社会层面

一是缺乏细化指导。近年来，国家出台了《教育部关于深化高校教师考核评价制度改革的指导意见》《中共中央国务院关于全面深化新时代教师队伍建设改革的意见》等一系列政策性文件，对高校青年教师专业发展提出了明确要求，对各地制定实施细则提出了具体要求，为推动高校教师尤其是青年教师专业化发展创造了有利的制度环境。但总的来看，这些制度性文件提出的是纲要性要求，较少涉及具体的操作层面上的要求，各地各校在执行过程中多是根据自身理解，缺少统一标准。此外，国家对各地各校的工作指导大多停留在宏观层面，较少派出工作组、调研组等聚焦青年教师专业发展需求满足、专业发展项目设计与实施等具体问题。

二是缺乏倾斜性支持。目前，从国家实施的教师国培项目体系建设来看，从幼儿园教师到中小学教师到中高职院校教师，都建立了完整的国培项目，唯独缺少面向本科高校的国培项目，尽管自 2016 年开始，教育部实施了中西部高校新入职教师国培示范项目，每年面向中西部地区高校的 2000 名教师开展，发挥了一定的示范引领作用，但与全国本科高校教师的迫切期待相比还远远不够。因此，我们认为，国家在接下来的教师国培项目体系建设中，有必要考虑增设本科高校教师国培项目，加大力度支持本科高校青年教师专业发展，构建一个全口径的教师国培项目体系。另外，基于地区发展的不平衡性以及高校获得发展资源的不均衡性，国家要加强分类指导，给予中西部地区高校尤其是地方高校更多的倾斜性支持，进而推动不同地区不同类型高校青年教师的同步发展。

三是缺乏专门的教师发展机构工作体系。高等教育发达国家大多建有专门的国家级教师发展机构，为全国高校教师提供专业的、持续性的组织支持，是其高等教育走向成功的重要经验。就我国目前情况来看，暂时还没有真正建立一个自上而下、高效运转、精准协作的高校教师专业发展机构工作体系。成立于 20 世纪 80 年代的全国高校师资培训中心体系，有严密的全国中心、大区中心、省级中心等三级工作体系，但均依托高校成立，缺乏统一的行政管理，大多是在各地教育行政部门指导下独立开展工作，一些大区中心、省中心在缺少政策、经费、项目支持的情况下，较少开展工作甚至名存实亡。成立于 21 世纪初的高校教师发展中心体系，除去教育部重点支持的 30 家示范中心之外，大多是面向本校教师开展工作，彼此之间缺乏联动协作，服务区域教师发展的教师发展中心联盟的组建也并不多。因此，国家有必要整合现有的教师专业发展机构资源，打造一个全新的具有上下联动、高效运转特征的教师发展机构工作体系，并给予其更多的工作支持，促进各地各校青年教师专业发展质量明显提升。

第四节　高校青年教师专业发展有效供给策略

加强供给是解决高校青年教师专业发展供需矛盾的主要手段，主要是指项目供给，也包括政策、资源、组织支持等供给。只有扩大供给尤其是项目供给，扩大青年教师专业发展活动的覆盖面和参与面，才可能满足青年教师多元的、动态的发展需求。值得注意的是，加强供给并不是简单的数量上的增加，也不是一味地迎合每个青年教师的发展需求，而是要综合考虑社会要求、学校发展、青年教师实际等多方面的因素，通过统筹安排，实现对青年教师的"有效供给"，推动供给规模、供给结构、供给质量等相适应、相协调。

一、何谓"有效供给"

"有效供给"的主要目的是解决高校青年教师专业发展供需矛盾，我们要立足实际，直面问题。根据上一节对青年教师供需矛盾的分析，我们认为，所谓"有效供给"至少包含以下几层意思：一是要面向所有青年教师提供专业发展机会；二是要有鲜明的发展导向，注重青年教师专业发展能力的协调发展；三是要提高供给质量，推动青年教师在专业发展能力提升方面获得更多的满足感、收获感；四是要将专业发展供给贯彻于青年教师职业发展的各个阶段，推动其可持续发展。在促进"有效供给"的过程中，要始终以全局的观点统筹相关工作，坚持数量与质量相统一、结构与类型相协调、全局与重点相促进。

1. 全面的供给

所谓"全面的供给"，主要是基于专业发展的覆盖面而言，也就是说要面向全体青年教师提供供给，保证每一位青年教师都有公平享有参与专业发展的权利和机会，这是实现"有效供给"的重要前提。关于全面的供给，可以从促进教育公平的角度来理解，一方面，从全国的情况来看，我国高等教育发展不平衡的状况客观存在，不同地区的高等教育实力，不同类型高校的办学实力存在明显差异。提高教师发展质量，进而提高学校办学质量，是促进各地高等教育均衡发展、实现不同类型高校差异化发展的有效手段，因此要重视对各地各校青年教师专业发展工作的统筹安排，尤其是要重视对教师发展资源相对薄弱的中西部地区的地方高校给予倾斜性支持。另一方面，从高校内部来看，不同类型的青年教师各具特点，一些青年教师因其主观原因没有强烈的专业发展意愿，从推动青年教师队伍整体进步的角度而言，我们要坚持面向全员加强统筹规划，针对各级各类青年教师开展相应的指导和帮扶，确保每一位青年教师都有平等参与专业发展的机会。

2. 均衡的供给

从促进青年教师全面发展的角度而言，"有效供给"应当是"均衡的供给"，也就是说要对应青年教师专业发展能力的结构和内容，引领其注重各类能力的协调发展，这是提高专业发展供给科学化水平的重要体现。在实践工作中，青年教师的专业发展能力提升往往会出现结构失衡的现象。一方面，须对青年教师的专业发展选择偏好加以引导。青年教师基于个性特点、兴趣爱好等因素，往往会优先选择一些显性的、短期性的专业发展项目，而对于那些隐性的、长远性的项目的重视程度不够。在全面深化新时代教师队伍建设的时代背景下，教师的师德师风建设日益凸显，而一些青年教师并没有将教书育人能力的发展提到与教育教学能力、学科专业能力发展同等重要的位置，因此，有必要加强对青年教师专业发展方向的指导，不能任由其任意生长、失衡发展。另一方面，要审视现有的供给是否存在结构性矛盾。我们所提供的供给要对应青年教师专业发展能力的结构和内容，不能背离促进青年教师专业发展的目标和要求。因此，"均衡的供给"不仅仅是规模的扩大，还应包含类型的丰富、结构的调整，能够让每一位青年教师都能选择到对应的项目或资源。

3. 高质量的供给

"高质量的供给"是基于实施效果而言，意味着能够达到预期目标，我们认为包含两个层面，一是参与者要有收获感，也就是说要让青年教师确实感觉到有帮助、有作用，对专业发展供给的评价较高，进而激发其提升专业发展能力的主观能动性；二是组织者要有成就感，也就是说组织者通过高质量的供给，要解决制约青年教师专业发展能力提升的一些关键性问题，提高促进青年教师专业发展的能力和水平。实现高质量的供给并非易事。首先要基于问题导向，深入青年教师开展调研，充分了解其实际需求，在此基础上统筹考虑全面发展与个性发展、全员发展与重点发展、短期发展与长远发展等的关系，进而提高顶层设计的科学性。其次是要坚持分类指导，根据不同类型青年教师的特点作出各具针对性的安排和指导，进而推动青年教师专业发展能力的全面提升。最后，要加强协同创新，通过促进校内协同、校校协同、校企协同、校地协同等，积极引入优质的教师发展资源，进而为青年教师提供更高质量的专业发展服务。

4. 可持续的供给

青年教师专业发展具有长期性、系统性、复杂性等特点，其专业发展是一个动态的、连续的过程，因此对其专业发展的"有效供给"，还应是一种"可持续的供给"，应当贯彻其职业发展的各个阶段，并根据相关变化进行动态调整。一方面，教师的职业特点决定青年教师必须树立终身学习理念，始终将专业发展能力提升作为职业发展的客观要求，因此我们要始终关注青年教师的专业发展需求，积极创造条件为其提供可持续性的发展支持。比如，对于进入"职业发展高原期"的青年教师而言，他们往往会出现专业发展意愿薄弱的现象，要采取有效措施刺激其产生新的发展需求，助推其取得新的进步。另一方面，青年教师进入不同职业发展阶段，其发展需求会产生一定变化，我们必须采取相应的举措来适应这种变化，进而推动青年教师在专业发展道路上取得新的突破和进展。比如，入职初期的青年教师往往注重基础性教学技能的掌握，而当其成为教学骨干之后，关注的重点可能变为课程开发能力、专业建设能力的提升，因此，不管青年教师处于哪个职业发展阶段，我们提供的供给都能适应青年教师这种动态的需求变化。

二、实现"有效供给"的策略建议

提供充足的、丰富的"有效供给"是解决高校青年教师专业发展供需矛盾的重要途径，而如何实现"有效供给"也就成为一个现实命题。结合本章前三节的阐述，我们认为，实现"有效供给"既要立足当前，又应着眼长远，始终将青年教师专业发展看作一个动态的、连续的、变化的过程，立足个体、学校、社会三个层面，多措并举，齐头并进，构建一个互动的、良性循环的青年教师专业发展生态体系。

1. 激发青年教师自我发展的内在驱动力

一是要充分了解青年教师专业发展的实际需求。实现对青年教师专业发展的"有效供给"，既要重视"数"的增加，更要重视"质"的提高。管理部门不能只站在自己的角度，根据自身的主观意愿来推行工作项目，要学会换位思考，多站在青年教师的角度来考虑和反思，要将青年教师欢迎不欢迎、认可不认可、满意不满意作为顶层设计的重要原则，不断增强工作项目的吸引力，激发青年教师参与专业发展的主动性、积极性。二是要全面加强对青年教师的帮扶指导。青年教师处于职业发展的初期或上升期，在专业发展能力提升过程中往往会遇到各种实际问题，比如受家庭、生活压力等因素影响无暇顾及，或因缺乏团队帮扶、老教师指导而感到迷茫，等等。我们要重视对青年教师所面临的一系列实际问题的解决，要通过组织关心、个性化帮扶等方式，尽量解决他们参与专业发展的后顾之忧，为其成长发展创造有利条件。三是要积极引导青年教师专业能力全面发展。青年教师的专业发展选择往往带有个人偏好，这固然能对某项能力的发展带来积极效果，但如果忽视其他能力的协调发展，有可能对其长远发展带来不利影响。从促进人的全面发展的角度而言，我们要审视青年教师的专业发展能力结构和水平，帮助青年教师找出薄弱环节，并作出相应改进，促进其专业发展能力结构更加均衡。四是要加强调研推动工作创新。要发挥各方面的力量，通过课题立项、实证研究、案例分析等方式，基于促进青年教师全面发展、均衡发展、高质量发展、可持续发展等角度加强思考和研究，找准促进青年教师专业发展的立足点、落脚点、发力点，通过课题研究成果为实现"有效供给"提供科学依据。

2. 营造青年教师成长发展的良好环境

一是要研制青年教师专业发展能力提升规划。要坚持全局观点，将促进青年教师专业发展纳入教师队伍建设的总体布局，纳入全面提高高等教育质量的总体全局，在全面了解青年教师专业发展能力现状的基础上，精准把握加强和改进青年教师专业发展工作的关键性问题，对标国家政策要求和学校发展目标，科学编制青年教师专业发展能力提升规划，明确不同时期的发展目标和具体任务，进一步提高青年教师专业发展工作的前瞻性、统筹性、科学性。二是要推行青年教师专业发展标准化建设。全面认识青年教师成长发展规律，结合国内外研究成果，在实事求是、集思广益的基础上研究制定高校青年教师专业发展标准，对不同职业发展阶段的青年教师提出相应的专业发展要求，明确其专业发展的内容、结构以及对应的要求等，进一步提高青年教师专业发展工作的科学性。目前，我国已完成幼儿园教师专业标准、中小学教师专业标准的认定工作，但关于高校教师专业标准的研制暂未启动，各地各校可以根据自身实际开展创新探索。三是要加强经费保障。充足的经费保障是实现青年教师专业发展"有效供给"的重要前提，各地各校要根据青年教师规模以及培养目标设立专项经费，专门用于青年教师专业发展能力提升工作。要在加大经费投入力度的同时，更加重视经费投向结构的合理性，统筹安排好成长资助类、集中培训类、网络研修类等各类专业发展项目的经费支出，确保专项经费支出与青年教师专业发展规划相适应。四要优化制度环境。要严格落实《教育部关于深化高校教师考核评价制度改革的指导意见》《中共中央国务院关于全面深化新时代教师队伍建设改革的意见》及《深化新时代教育评价改革总体方案》等政策性文件，并根据文件精神制定实施细则，推动青年教师专业发展工作落到实处、落到细处。要进一步深化教师评价制度改革、高校教师职称制度改革等，突出促进青年教师专业发展的导向，将教师专业发展纳入考核评价体系，实现与绩效考核、职称评定等工作的有效衔接，通过推进青年教师发展性评价改革等要求，进一步加强对青年教师的培养，突出"培养"与"使用"并重的人力资源管理导向。

3. 加强专业化的教师发展平台建设

一是要重视各级各类教师发展机构建设。从学校角度而言，既要发挥院系教研室的基础性作用，加强对某一专业青年教师的指导帮扶，更要发挥学校教师发展中心的引领性作用，统筹做好全校青年教师的专业发展指导工作。从教育行政部门角度而言，要重视高校师资培训中心体系与高校教师发展中心体系建设，通过资源整合，建立一个上下联动、高效运转的机构体系，能够在专业发展能力提升方面为全国高校青年教师提供统一的智力支持和项目支持。

二是要建设具有区域特色的教师发展单位联盟。根据本区域高校青年教师专业发展的现状及目标，通过整合高校、企业、科研院所以及有关社会单位的资源，建设服务区域内青年教师专业发展的合作联盟，如区域性的教师发展中心联盟、区域性的教师企业实践平台联盟、区域性的教师产学研合作联盟等，为促进青年教师专业发展引入更多的优质资源，逐步建成具有区域特色的青年教师专业发展协同创新机制。

三是要加强管理干部队伍建设。在加快推进"双一流"建设、提高我国高等教育核心竞争力的时代背景下，面对青年教师成长发展的紧迫要求，必须更加重视管理干部队伍建设，通过"请进来"与"走出去"相结合的方式，拓宽管理干部的工作视野，提升其发现问题、研究问题、解决问题的实际能力，为提升青年教师专业发展水平提供坚实的人力资源保障。四是要加强信息化平台建设。伴随信息技术的飞速发展，青年教师专业发展已突破时间和空间限制，"时时学习、处处学习"不仅成为可能，更是成为一种常态。但从目前我国的实际情况来看，高校教师专业发展的信息化平台建设相对滞后。从国家层面来看，2007年，教育部成立了全国高校教师网络培训中心，利用远程技术和网络等新媒体开展学习培训，但在运行过程中，培训内容部分过时、培训过程较难监管、硬件资源有待更新等问题逐渐显现，对新媒体新技术的利用不够充分。从省级层面来看，各地关于高校青年教师网络学习平台的建设尚处起步阶段，目前仅有少数地区已经建成或正在建设基于网络的教师培训管理系统。从高校层面来看，仅有少数高校建设了信息化管理平台和教师网络学习社区。2020年新型冠状病毒肺炎疫情期间，很多地区的高校青年教师的专业发展工作基本处于停滞状态，从一个侧面暴露了加快建设教师网络学习社区的必要性和紧迫性。

4. 重视青年教师专业发展项目建设

一是注重专业发展项目的覆盖面和均衡性。覆盖面是基于工作对象的角度而言，也就是说要重视对各级各类青年教师的全面覆盖，通过持续性的项目供给，让每一位教师都有平等参与的机会，从而不断巩固和扩大青年教师专业发展项目的群众基础。均衡性是基于工作内容的角度而言，也就是说要对应青年教师专业发展能力的结构做好专业发展项目的统筹安排，通过学科专业类、教学发展类、教书育人类等各类项目的综合安排，突出对青年教师专业发展方向的正确引导，促使其更加重视专业发展能力的均衡发展、协调发展。

二是要建设富有特色和影响的精品项目。在实现全面覆盖的基础上，"有效供给"的更高境界是指高质量的供给，具体到专业发展项目而言，是能够赢得青年教师的欢迎和认可。在实际工作中，我们注意到，尽管管理部门推出了较多的专业发展项目，但青年教师的总体满意度却不高，究其原因，或是没有体现青年教师的实际需求，或是没有抓住青年教师的兴趣点，或是内容形式比较单一，缺乏新意和吸引力，等等。因此，在进行项目顶层设计时，要充分考虑青年教师的特点和喜好，在内容设计、师资选配、实施形式、过程管理、后勤服务、绩效评估等方面作出创新性安排，推动专业发展项目更接地气、更具人气。

三是要通过项目绩效考核予以动态调整。青年教师专业发展项目具有结构性和层次性。从结构性来看，是指要体现专业发展能力的各个层面，如学科专业类项目、教学能力类项目、教书育人类项目，等等；从层次性来看，是指其实施主体有所不同，如国家级项目、省（区、市）级项目、校级项目，等等。各级各类项目在实施过程中，受各种因素影响所获得的效果也有所不同，因此有必要通过项目绩效考核的形式予以一定调整，并通过这种局部的调适确保整个项目体系的完整性、科学性。另一方面，青年教师的专业发展需求总是处于变化过程之中，进入不同的职业发展阶段，其发展方向、重点需求都会随之改变，因此，即使就某一个项目而言，在内容、形式、管理等方面也应做出动态性调整，以更好地适应青年教师专业发展的变化特点。

第七章　高校青年教师专业发展项目建设

加强专业发展项目建设是解决高校青年教师专业发展供需矛盾，实现专业发展"有效供给"的重要途径。相对高校教师培训而言，高校教师专业发展项目是一个更加宽泛的概念，是指高校教师为提升专业发展能力而采取的各种活动的总称，既包括教师个体的自发的学习活动，也包括高校、教育行政部门以及相关社会机构提供的发展项目，可以是零散性的、短期性的学习行为，也可以是综合性的、长期性的研修过程。高校青年教师专业发展项目建设是一项专业化程度较高的行为，需要准确把握青年教师的发展需求，严格遵循青年教师的成长规律，通过做实做优项目设计、项目实施、项目评估等环节的工作，提高项目的生动性和吸引力，为提高高校青年教师专业发展质量提供有力的项目保障。

第一节　高校青年教师专业发展项目设计

加强项目设计是成功实施高校青年教师专业发展项目的前提条件。总体而言，一个成功的项目设计必须注重三个方向性要求，一是基于问题导向，能够针对青年教师专业发展过程中存在的具体问题提出切实可行的解决方案；二是基于需求导向，能够根据青年教师专业发展的实际需求做出特定安排；三是基于目标导向，能够根据青年教师专业发展现状采取有效行动，推动项目实施，取得预期效果。在此基础上，准确把握项目设计原则，深入分析项目构成要素，推动项目构成要素之间的优化整合，建立一个完整的项目框架体系，成为项目设计的关键所在。

一、项目设计原则

在把握方向性要求的基础上，加强项目设计应当坚持全局思维、专业思维和改革思维，以此推动项目建设上层次上水平。全局思维是基于项目设计的系统性原则而言，也就是说项目设计要从系统构建的角度出发，不能就项目谈项目设计；专业思维是基于项目设计的科学性原则而言，强调项目设计必须是专业的、科学的，具备可行性；改革思维是基于项目设计的创新性而言，意味着项目设计必须顺应形势发展，加强实践探索，从而提升项目实施效果。

1. 系统性原则

项目设计并非静态的、孤立的，而是一个动态的、紧密联系的过程。从建设高校青年教师专业发展生态系统来说，项目设计必须置于学校发展、高等教育改革发展的大局之中思考和谋划。影响高校青年教师专业发展的因素主要来自个体、学校和社会三个层面，彼此之间相互联系、相互作用，共同构成高校青年教师专业发展的生态体系，因此在开展项目设计时，不仅要考虑对青年教师个体发展的促进作用，还要考虑到对提升学校办学质量以及区域高等教育质量的重要影响。从建设高校青年教师专业发展能力系统来说，项目设计必须实现对各类专业发展能力的融合培育。青年教师专业发展能力建设主要包括学科专业能力、教育教学能力、教书育人能力三个层面，而青年教师专业发展的偏好性选择往往会影响其全面发展，因此在开展项目设计时，要通过有计划性、有针对性的安排，对青年教师专业发展做出必要引导。比如，在学科专业能力培训项目中，通过安排一些高校教师队伍政策解读、高校教师师德师风建设的通识性课程，引导青年教师更加重视教书育人能力的提升。从建设高校青年教师专业发展工作系统来说，项目设计必须促进与其他工作项目的对接与联动。促进青年教师专业化发展是教师队伍建设的重要内容，应当通过科学的项目设计，推动项目建设与其他工作项目的有效衔接，特别是与教师岗位评聘、教师职称晋升、教师评价制度改革、学校教育教学改革等深度融合，进一步激发青年教师参与专业发展项目的积极性、主动性。

2. 科学性原则

项目设计是一个专业化的行为过程，要始终以科学的态度来审视全过程，为提高项目实施质量奠定坚实基础。项目总体安排要遵循高校青年教师专业发展的客观规律。项目设计者应以实事求是的态度，全面认识实施对象的群体特征，准确把握其处于怎样的职业发展阶段，有怎样的发展需求，需要通过怎样的项目安排助推其专业发展能力提升。比如，以新入职教师与发展"高原期"教师为例，两类教师的专业水平、职业经历等各不相同，专业发展需求呈现明显差异，应加强分类指导，通过各具针对性的项目满足其不同的专业发展需求。另外，项目整体设计要形成严密的逻辑体系。项目设计包括实施目标、内容安排、师资选配、实施形式等多个要素，各个要素之间存在固定的、必然的联系，某个要素没有设计好，有可能带来"牵一发而动全身"的后果。因此，在开展项目设计过程中，应充分考虑各个要素的匹配度和适用性，比如，某个项目在完成内容设计之后，要考虑清楚安排怎样的师资组合、实施形式等，以保障项目实施取得预期效果。

3. 创新性原则

项目设计必须顺应高等教育改革发展形势，结合高校青年教师的发展特点开展实践探索，推动项目实施具备更加广泛的群众基础。要开展经常性的工作反思。项目设计者要善于总结教师专业发展项目建设经验，对项目构成要素进行深入分析，深刻把握各个要素之间的逻辑关系，根据各方面的反馈建议在内容、形式、管理等方面开展创新尝试，推动项目实施呈现新的生机和活力。比如，我国长期以来实施的国内访问学者项目，一直都是面向单个的教师个体，可以根据建设创新团队的需要，增设团队访学项目，加大对学科团队的扶持力度。此外，要积极培育新的品牌项目。高校青年教师专业发展项目的设立并非一成不变，而应根据高等教育改革发展的需要进行动态调整，通过推陈出新，推动项目安排呈现鲜明的时代气息，更好地适应青年教师多元的、动态的、变化的专业发展需求。比如，在推进"双一流"建设过程中，可以结合金课建设、信息化教学改革等热点推出相应的教师专业发展项目。

二、项目构成要素

总结工作实践经验，我们认为，项目设计一般包括"实施目标、需求分析、内容设计、形式设计、师资安排、组织管理、考核评估"七个构成要素，这些要素紧密相连、环环相扣，共同组成完整的项目设计内容体系。七个构成要素缺一不可，实施目标、需求分析是基础性要素，是确保项目成功实施的前提条件；内容设计、形式设计、师资选配是关键性要素，是确保项目高质量实施的基础条件；后勤服务、考核评估是保障性要素，是确保项目顺利实施的重要条件，优化项目设计，要树立全局观念，将其看作一个动态的、连续的过程，任何割裂各个要素之间内在联系的做法都是片面的、不切实际的。

1. 实施目标

确定实施目标是开展项目设计的首要工作。任何一个教师专业发展项目的实施，都应当以满足教师发展需求、解决教师发展困惑、推动高等教育改革发展为导向。实施目标的阐述，应当简明清晰、层次分明，既要立足当前确定好短期目标，立足实际问题的解决，推动青年教师在项目实施期内提高专业发展能力，胜任教书育人岗位要求；也要放眼长远，确定好长期目标，通过项目实施取得预期成效，并在此基础上为强化教师队伍建设、提高高等教育质量等大局工作带来积极影响。因此，实施目标的确定，很多时候并非由组织者单独决定，须与委托者充分交流意见后联合商定。

2. 需求分析

开展需求分析是提高项目设计专业性、科学性的前提基础，不基于需求分析来开展项目设计，不可能具备坚实的实施基础。加强需求分析，首要的是对实施对象进行深入分析，通过准确把握他们的群体特征、学习特点、专业发展偏好等，进而在内容、形式、管理等方面作出优化安排，其次是要全面了解实施对象的总体需求和重点需求，深入思考如何在后续的项目安排中满足这些发展需求，进而提供一个完整的、科学的解决方案。在实践工作中，我们主要通过问卷调研、访谈交流等方式开展需求分析，有助于我们了解实施对象的实际需求，强化需求分析的准确度和可信度。

3. 内容设计

内容设计是项目设计的关键要素，是确保项目实施取得预期效果的前提条件，在项目设计的组成要素中处于核心地位。科学的内容设计，要对应青年教师专业发展能力的结构做好统筹安排，突出对其各类专业发展能力的融合培育，以此推动青年教师素质和能力的协调发展、全面发展。比如，江苏省在开发建设高职院校教师国培项目过程中，在每个具体培训项目中均安排高职教育发展政策解读等必修课程，以此强化教师对高等职业教育改革发展的总体认识。另外，内容设计上要结合学校和区域实际，做好资源结合文章，突出学校特色或区域特色。比如，江西省在实施教育部中西部高校新入职教师国培示范项目过程中，充分利用江西丰富的红色文化和书院文化资源，通过井冈山师德师风现场教学、白鹿洞书院教育理念现场教学等课程安排，彰显鲜明的区域特色。我们认为，优化内容设计的关键是要对实施内容进行模块化构建，对一些分散性、零散性的实施内容，按照它们之间的内在的逻辑关系进行优化整合，从而建立完整的、清晰的、紧密联系的内容体系。纵观国内外高校的工作实践，我们也发现，很多集中培训类的教师发展项目，大多设置必修课程与选修课程、通识课程与专业课程等，从而为实施对象提供"菜单式"的内容选择。

4. 形式设计

形式设计是项目设计的重要组成，也是内容设计能有效实现的重要保障。在项目设计过程中，形式设计与内容设计往往是统筹考虑，二者具备较高的关联性，科学的内容安排需要通过有效的形式设计得以实现，而多样化的形式设计只有依托具体的内容安排才具备实现基础。不同类型的教师专业发展项目，同一项目中的不同实施内容，都需要与之对应的形式设计来保证实施效果，因此我们要特别关注形式设计与内容设计之间的匹配度。从工作实践来看，实施形式多种多样，包括专题报告、小组研讨、行动学习、观摩实践、岗位体验、名师引领、团队帮扶，等等，针对不同的实施内容，发挥不一样的实施效果，因此，形式设计应当根据内容设计予以灵活安排，不能不顾实际采取"一刀切"的做法。结合工作实践和专题调研，我们认为，混合式的协同实施模式最受青年教师欢迎，一方面是因为这种实施模式本身就包含多种形式，能够适应不同的内容安排；另一方面，在这种实施模式背景下，教师专业发展项目更具生动性和吸引力，更能激发青年教师的参与兴趣。

5. 师资选配

师资选配是推动教师专业发展项目成功实施的关键因素。科学的、合理的师资选配，可以从三个方面予以考量。一是突出名师引领。适当安排一些教学名师、拔尖人才的讲授或指导，充分展现名师大家的教学风采、治学风范、成长经历，等等，为促进青年教师专业发展带来正向的激励作用。二是突出师资类型多元化。根据内容设计统筹安排不同类型的师资力量，推动项目实施取得更好效果。比如，在教学能力提升培训项目中，一些通识性的、理论性的课程可以考虑安排以教学名师为代表的专家学者，而一些示范性的、实践类的课程可以安排以全国教学竞赛获奖者为代表的教学新秀。一些省（市、区）在实施高职院校教师国培项目过程中，为促进高职院校"双师型"教师队伍建设，在一些具体项目的招投标公告中明确提出师资安排须由"本科高校专家、高职院校专家、企业专家"共同组成，等等。三是突出师资结构合理性。根据项目建设要求对各个类型的师资占比作出细化安排，充分考虑职称占比、校（域）外专家占比、企业专家占比等因素，全面评估师资结构的合理性。比如，在实施教育部中西部高校新入职教师国培示范项目过程中，国家项目办要求各个申报单位提供正高职称专家占比、区域外专家占比等数据，作为项目评审和考核的参考指标。

6. 组织管理

组织管理是教师专业发展项目顺利实施的重要保障。关于组织管理的界定，结合工作实践，我们认为包括三个层次。一是过程管理，主要是指组织者为保证项目顺利实施采取的各种管理举措或管理行为，贯穿于项目筹备、实施、总结这一全过程，包括方案研制、资料筹备、师资邀请、学员联系、档案建设、项目总结等具体内容，主要通过管理团队如班主任、项目主管的工作来实现。为加强过程管理，在开展项目设计时需提前做出预设性安排，并根据项目实施情况进行灵活调整。二是实施对象管理，主要是指对实施对象的日常管理，如纪律要求、任务考核要求，等等，也包括实施对象的自我管理与自我服务，如团队活动的策划与组织等。基于"以师为本"的工作理念，越来越多的教师专业发展项目在实施过程中，更加重视实施对象的自我管理与自我服务，通过特定的设计和安排，激发其内在的主观能动性，进而推动高校青年教师学习实践共同体的建设。江西省在开展高校教师培训项目建设过程中，面向党员身份的参训教师组建临时党支部，由支部成员协助班主任做好班级管理、班级活动组织等工作，不仅强化了班级凝聚力建设，也提高了他们的组织管理能力、沟通协调能力。三是后勤服务管理，主要是指为保障项目顺利实施，组织者在食、宿、行、医疗、保险等方面作出的保障性安排，这在集中培训类项目中非常普遍。后勤服务管理不仅是项目考核的重要指标，也是影响参训教师整体满意度的重要因素，要根据项目支持力度作出合理安排，基于人性化角度给予实施对象安全的、可靠的服务保障。

7. 考核评估

考核评估是检验项目实施效果的重要手段，是推动项目高质量建设的重要方式，因此在开展项目设计时必须对考核评估作出预设性安排，通过设立考核指标、明确考核方式、分析考核结果等检验项目实施成效，提出项目改进策略。结合工作实践，我们认为考核评估主要包括四个方面的内容，一是项目总体评估，通过综合各方面意见，科学评估项目实施成效，寻求在项目实施过程中存在哪些突出问题，以及可以解决的有效策略。二是实施对象考核，综合日常表现、作业考核、考试考核等因素，全面衡量实施对象是否实现专业发展能力的有效提升。三是师资考核，通过征求实施对象意见、建议，全面评估师资安排的科学性、合理性，并对后续的师资安排进行动态化调整。四是管理团队考核，综合各方面意见、建议，全面评估管理团队的工作绩效，通过加强自我约束和自我监督，不断提升服务高校青年教师专业化发展的能力与水平。

第二节　高校青年教师专业发展项目实施与评价

高校青年教师专业发展项目建设是一个连续性的、综合性的过程，项目设计完成之后，紧随其后的项目实施、项目评价等环节同等重要，共同构成一个完整的项目进展过程。项目实施是检验项目设计的实践过程，为项目评价提供现实依据；项目评价是对项目设计、项目实施的总结和反思，能对项目设计、项目实施产生"反哺"作用，对项目建设带来积极而深远的影响。我们要把握高校青年教师专业发展项目建设的客观规律，在加强项目设计的基础上，做实做好项目实施、项目评价等各方面的工作。

一、项目实施

项目实施是项目付诸实践的行为及过程。从组织者的角度而言，项目的高效实施取决于两个方面，一是要坚持以人为本，站在实施对象的角度加强谋划，通过专业化的服务为其参与项目提供便利和支持；二是要坚持精细化管理思维，通过精准的、细化的阶段性安排推动项目高质量实施。

精细化管理思想源于 20 世纪 50 年代的日本，最早出现于企业管理领域，后逐渐被应用到各个领域。精细化管理是对规范化管理的超越，它既是一种系统的管理理念，也是一套管理方法和技术。在精细化管理思维的指导下，我们可以按照时间发展顺序，将教师专业发展项目实施的全过程划分为"准备阶段、运行阶段、总结阶段"三个阶段，通过细化各阶段工作内容，推进项目实施流程的精细化。

1. 准备阶段

准备阶段应立足项目的正式运行，做好筹备工作，一般而言，包括"与委托者商议实施细节、编制项目实施方案、确定师资安排、选配组织管理人员、下发项目实施通知、编印项目实施资料、落实后勤服务保障、建立项目档案建设清单"等主要内容，根据精细化管理思维，每个环节的工作内容可以更加细化，比如在"落实后勤服务保障"方面，可以从"用餐安排、住宿安排、交通安排、医疗安排、保险安排"等方面予以细化。总之，在准备阶段，要针对项目正式运行的各个环节尽可能作出细致考虑，并针对可能发生的问题进行预判并做好预案。

2. 运行阶段

运行阶段意味着项目进入具体实施，是项目实施最重要也是最关键的一个阶段。根据精细化管理思维，项目运行阶段的工作内容可以细化为"举行相关仪式、开展项目导学、加强日常管理、安排现场教学或实践教学、组织班级或小组活动、督促参与者完成相关任务、开展结业考核"等多个方面，而每个方面的工作内容还可以根据实际作出更加细致的安排。一方面，需要注意的是，项目运行阶段是一个动态的变化过程，需要组织者时刻关注项目进展，并根据收集到的意见、建议迅速做出调整或反应，推动项目按照预期设定的方向和目标顺利实施。另一方面，运行阶段也是一个实时检验项目效果的过程，组织者应当对照项目建设标准或结合准备阶段开展的筹备工作开展动态化的考量工作，及时做好发现问题、分析问题、解决问题的工作，从而有效提升项目实施质量，赢得更广泛的支持和认可。因此，项目运行是一个多向的、交互的、紧密联系的过程，忽视任何一个方面或是任何一个环节，都有可能前功尽弃。在工作实践中，一些高校青年教师专业发展项目的满意度偏低，与项目运行过程中缺乏有效沟通、项目参与各方的诉求没有得到有效满足有着密切关系。基于上述分析，在项目运行阶段，组织者既要按计划推进相关工作，也要根据项目进展情况做出相应调整，从而达成"委托者满意、组织者满意、参与者满意"等多方共赢的结果。

3. 总结阶段

总结阶段是对项目实施进行全面检视的过程，在精细化思维指导下，主要包括"项目绩效评测、实施对象跟踪指导、项目实施档案建设、可生成性资源开发"等工作内容。一方面，组织者要通过项目绩效评测等手段，全面检验项目实施成效，针对关键性问题进行深入分析，了解原因并提出解决举措，为今后开展类似项目提供改进策略；另一方面，要通过项目实施档案建设、可生成性资源开发等手段，全面总结项目实施经验，开发建设项目实施简报、项目实施报告、项目实施画册等文本性资源，为今后开展类似项目积累工作资源。在总结阶段，我们还可以根据实践经验开展标准化探索，总结推广一些成功的项目建设经验，比如在"项目实施档案建设"方面，可以建立一套完整的项目档案清单，包括"项目通知、实施方案、学员名册、课程讲义、项目总结、项目手册、工作简报、质量评价表、项目绩效报告"等工作材料，并将其固化为高校青年教师专业发展项目的档案建设标准。

二、项目评价

项目评价是项目实施的最后一个环节，是对项目筹备工作的检验，也是对项目运行效果的评测。在工作实践中，项目委托者往往会对项目评价提出具体要求，甚至主导项目评价指标设计、项目评价过程推进等工作，作为委托方，有必要了解项目实施的真实情况，把握好项目建设的方向性要求，进而对后续的教师专业发展项目安排作出一定调整。而作为组织者，有必要了解项目实施的满意度、认可度，等等，通过经验总结与自我反思，为加强项目建设提供可行性建议。

纵观国内外研究成果，关于高校青年教师专业发展项目的评价要素并没有统一标准，可以根据项目评价目标细分为多个方面，结合工作实践，我们认为，项目评价要素的设计应当基于实施对象的角度，主要包括"总体满意度、实施内容、实施形式、师资安排、组织管理、改进建议"等具体指标，而每项指标又可以根据项目评价要求，细分出更详细的二级指标。

1. 项目评价标准

项目评价标准是开展项目评价必须遵循的总体原则，与项目评价指标既有联系又有区别。项目评价指标关注的是具体的、微观的评价内容，归属于项目评价标准体系；而项目评价标准关注的是抽象的、宏观的评价要求，不同的评价标准包含具体的、对应的评价指标。基于高校青年教师专业发展工作的长期性、连续性、复杂性，我们认为，评价一个高校青年教师专业发展项目是否成功，可以从四个方面加以认识和理解。一是其是否能有效满足青年教师的实际发展需求。通过之前章节的论述，我们已然知晓，青年教师的专业发展需求具备多样化、个性化特征，而且伴随职业发展，其专业发展需求还将呈现动态变化，因此，一个成功的专业发展项目，必须积极呼应青年教师这种多元的、动态的、变化的专业发展需求，否则只能是空中阁、水中月。在工作实践中，一些高校青年教师专业发展项目主要是基于委托者、组织者的主观意愿进行设计，实施对象始终处于一个被动接受的过程，因此导致项目实施的评价不高，从一个侧面反映了深入开展青年教师专业发展需求分析的重要性和紧迫性。二是其能否有效实现青年教师多种专业发展能力的融合培育。青年教师的专业发展能力包含学科专业能力、教育教学能力、教书育人能力三个方面，大部分青年教师在专业发展过程中具有选择性偏好，往往导致专业发展能力的不充分不平衡。因此，我们要通过精心设计的专业发展项目，为促进青年教师素质和能力的协调发展、全面发展提供必要的引导和支持，尤其是要通过特定的内容和形式组合，引导青年教师在提高学科专业能力、教育教学能力的同时，更加重视教书育人能力的发展。三是其能否有效促进青年教师学习实践共同体建设。建设教师学习实践共同体，是推动青年教师开展互助合作的重要方式，也是深化青年教师协作学习的有效途径，通过构建跨地区、跨专业、跨高校的教师学习实践共同体，青年教师在某个项目结束之后，能够在人才培养、科学研究、社会服务、文化传承创新等方面继续开展探讨合作，为各自专业发展能力的提升赢得更广阔的资源支持。在工作实践中，越来越多的教师专业发展项目都将促进青年教师学习实践共同体建设作为长远目标，强调通过"素质拓展、小组研讨、团队任务、班级活动"等环节的安排，促进实施对象的认识和交流，积极构建交互式的协作学习机制，推动青年教师在教学科研等方面开展联合研究或攻关。四是其能否有效推动青年教师专业发展长效机制建设。机制保障是高校青年教师专业发展项目实施的重要条件，能够推动项目建设具备坚实的群众基础，符合青年教师队伍建设方向，服务学校发展以及高等教育改革发展大局。因此，在开展项目评价过程中，我们还应重视项目实施是否能对青年教师专业发展长效机制建设产生积极影响，能否通过专业的顶层设计、科学的组织管理、高效的工作对接，推动相关部门深化协同合作，在促进青年教师专业发展方面形成共识，凝聚合力。在青年教师专业发展项目的设计、实施过程中，我们要立足长远，始终将满足青年教师内在的发展需求与服务学校发展要求、服务高等教育改革发展要求紧密联系起来，从而推动项目建设具备鲜明的时代气息，促进青年教师专业发展与学校发展、社会发展的相协调相统一。另外，在项目的具体实施过程中，还应考虑如何做好与教师评价制度改革、教师职称评定、教师岗位聘任等工作项目的衔接，通过优化制度环境和机制保障，为青年教师参与专业发展项目提供便利和支持。

2. 项目评价方式

科学的评价方式是顺利开展项目评价的前提条件，有助于提升项目评价的真实性、准确性、可靠性。根据评价主体划分原则，在工作实践中，我们主要采取"第三方评价"或是"综合性评价"等评价方式，前者更适用于系统性的教师专业发展项目，后者则更适用于单个的、具体的教师专业发展项目。所谓"第三方评价"，是指项目委托者或组织者委托独立的第三方评测机构开展项目评价，这种评价方式的好处在于第三方机构具备一定的专业性，甚至是具备专业的评价资质，由其独立开展项目评价，能有效降低主观偏向的影响，形成相对客观的评测数据、绩效报告等，能给予项目委托者或组织者相对合理的项目改进策略。在工作实践中，一些重大的体系化的教师专业发展项目，大多是通过第三方机构完成项目评价，比如教育部实施的职业院校教师素质提高计划，各省（自治区、直辖市）的项目评价工作大多是各地项目办负责。所谓"综合性评价"，主要是指项目委托者或组织者在自行开展项目评价过程中，为强化评价的客观性、科学性，通过引入"自我评价、专家评价、实施对象评价"等多个维度的评价指标，建立相对完善的评价体系，对项目实施绩效予以综合评定。综合性评价的好处在于可以综合各方面的反馈意见，帮助委托者或组织者以更加全面、更加客观的角度看待项目评价。自我评价是指组织者开展的自我评估，涉及经验总结、工作反思等内容，通过自我分析和研究提出改进策略。专家评价是指委托者或组织者选聘专家组成项目绩效评估组，通过专家考评的方式对项目实施成效提出专业化的意见、建议。实施对象评价主要是实施对象作出的真实的个体评价，通过综合不同个体的真实评价，委托者或组织者可以较为准确地判断项目实施成效。在工作实践中，综合性评价方式常常运用于单个的具体的教师专业发展项目，这种评价方式可以根据委托者或组织者的工作实际灵活安排，具备即时性、可操作性等特点，能够帮助委托者或组织者在较短时间内协调有关资源开展评价，并综合各方评价意见，在第一时间内对项目实施成效作出总体评价。

第三节　现有项目分析与改革思路

经过长期工作实践，我国初步建立起从国家到地方再到高校的三级高校青年教师专业发展项目体系，为促进高校青年教师专业化发展提供了较为丰富的项目支持。从国家层面来看，以访问学者、高职院校教师素质提高计划、中西部高校新入职教师国培示范项目等为代表的一批国家级项目的实施，在整合优质资源、推动工作协调开展、提升青年教师发展质量等方面发挥了积极作用；从地方层面来看，以区域重大教师发展计划、区域人才培育项目等为代表的区域性项目的实施，在优化区域青年教师队伍结构、提高区域高等教育质量等方面发挥了积极作用；从高校层面来看，以各校结合实际开展的各类青年教师专业发展项目，尤其是一些特色项目、创新项目的实施，在提高学校青年教师专业发展水平、推动学校内涵建设等方面起到了积极作用。在加快推进"双一流"建设的时代背景下，进一步做好高校青年教师专业发展促进工作，有必要对现有项目进行评估分析，在总结经验、查找问题的基础上加强审视和反思，进一步探究高校青年教师专业发展的目标和方向，进一步明确高校青年教师专业发展项目建设的内容和要求。

一、成长资助类

为更好地促进高校青年教师成长发展，加速培养造就一批处于科学前沿的优秀学术带头人及其后备力量。国家有关部门、各地各高校出台和设立了专门用于面向青年教师的成长资助类项目。国家层面有"国家杰出青年科学基金项目""教育部长江学者奖励计划""优秀青年科学基金项目"（含海外项目）"青年拔尖创新人才支持计划"等。省级层面如河南、陕西、安徽及广西等地实施"青年教师学术新秀资助计划"等，评选和奖励一批在教学、科研中成绩突出的35周岁以下的优秀青年教师，通过跟踪培养，引导他们在教学改革与科学研究前沿进行创新研究。高校层面有清华大学设立"学术新人奖""青年教师教学优秀奖"等，定期开展教学技能大赛、教学效果评估；实施"基础研究青年人才支持计划""中青年领军人才支持计划"，对列入计划的人选实行"优劳优酬"、发放特殊津贴。武汉大学设立人才专项基金，整合学校财力和校友捐助经费，为人才提供具有竞争力的薪酬待遇和科研条件；同时设立文科杰青、文科优青岗位，遴选人文社科领域同年龄段具有长江杰青或四青水平的优秀青年学者，并给予稳定支持。

通过一系列成长资助类项目的实施，一大批优秀青年教师脱颖而出。通过给予特殊津贴，解决了青年教师在成长关键期的后顾之忧，使其能够安心本职工作；通过给予专项研究经费支持，使得青年教师能够潜心科学研究；通过特别的政策扶持，使得具有发展潜力的青年教师能够尽早成才。但是，在此类项目实施过程中，所出现的一些问题也值得注意，如项目与计划政出多门，资源较为分散，尚未形成有利于促进青年教师专业发展的合力；项目主要关注青年教师个人，缺乏对青年创新团队的支持，等等。

二、团队建设类

加强青年教师团队建设，能够打破校际和部门院系间的条块分割以及学科间的壁垒，有利于打造跨校、跨院系、跨地区、跨学科的研究平台，培养青年教师的团队协作意识，通过发挥有经验的老教师及部分优秀青年教师的传帮带作用促进团队整体发展。当前，国家和省级层面面向青年教师的团队建设类项目基本空白，部分高校设立了校级资助的青年教师团队建设项目，但以科研类团队项目居多，教学类团队项目很少。

武汉大学推行的"70后"学术团队计划、东北大学设立的"创新团队培育基金"等以团队资助的形式促进青年教师的科研水平和创新能力。上海外国语大学、北京交通大学、北京语言大学和西北民族大学以教学团队建设为抓手，提高青年教师教学能力。以上海外国语大学青年教师教学团队培育计划为例，该项目以提高青年教师教学水平和教学质量为目标，注重教学方法改革，通过建立有效的团队合作机制，积极开展教学研究，促进教学研讨和经验交流，在富有经验的教授培养和指导下，培育一批教学水平高、协作精神强、富有创新精神、人员结构合理的青年教学骨干。此外，团队中必须至少包括一名来自不同学科或专业方向的成员，从而形成跨学科、跨专业的合作型团队，充分体现了学科交叉与专业融合的特点。

三、岗位培训类

1. 高校教师岗前培训

高校教师岗前培训是针对新入职教师的职前培训，以帮助新入职教师掌握基础教育教学能力、了解教师行业要求，胜任教书育人岗位需要为目标。根据1997年国家教委发布的《高等学校教师岗前培训暂行细则》和《高等学校教师岗前培训教学指导纲要》，培训内容主要以教育部规定的教育学、教育心理学、高等教育法规、高校教师职业道德修养四门课程为主，共计110课时，培训由各省级教育行政部门统筹安排，具体由省级高师培训中心或有关高校承担培训任务。伴随时代发展，高校教师岗前培训项目存在的问题日益突出，如高校或教师不够重视，参训积极性不高，以致培训流于形式；内容体系单一陈旧，与当前高校新入职教师的发展需求结合不够紧密；组织管理和考核不够严密，等等。鉴于此，教育部于 2016 年推行中西部高校新入职教师国培示范项目，对原有的培训内容、培训模式进行改革探索，设置了"专业理念与规范、教学技能与方法、信息技术与应用"三个内容模块，突出师德师风、教学技能、信息化技术等方面的培训，并通过 3 周的集中培训和为期不少于 6 个月的返岗实践强化对新入职教师的持续性培养。由于项目呼应新入职教师的实际发展需求，再加上新颖的实施形式和严格的考核管理，自推行以来受到广泛好评。此外，各地各校也加强了高校岗前培训项目的改革探索，推行了一些值得借鉴的举措。上海市面向市属高校新入职教师实施为期 3 个月的规范化培训，开发建设了模块化的培训课程，采取实践导向的行动学习培训模式和多样化的学习方式。湖南大学、中央音乐学院等高校将师德师风教育作为岗前培训的重要内容；武汉大学将校史、职业规划、教育技能、学生工作、行政职业能力等培训科目融入岗前培训中；山东大学增设健康保健与医疗急救、校园安全与消防知识等板块；同济大学强化青年教师职业生涯指导，探索实施"新教师入职教育培训计划"，围绕职业素养、教育教学能力等专题，加强新教师入职教育，帮助新教师尽快适应教师职业角色。

2. 青年教师助讲培养和职业导师制度

青年教师助讲培养和职业导师制度根据青年教师自身和所在学科专业特点，选派思想道德好、教学经验丰富的教师作为青年教师的职业导师，指导青年教师进行助课助教工作，包括辅导答疑、批改作业、实验课指导、实习指导、组织课堂讨论、协助指导论文、毕业设计或指导研究生等，通过"传、帮、带、促、导"等多种方式，推进青年教师成长发展。国家层面多次在教育部和其他部委联合发文中提出"发挥老教师传帮带作用"，但尚未有专门的政策制度对其作出明确要求。省级层面以浙江省为代表，从 2013 年 1 月 1 日起在全省高等学校全面实施"青年教师助讲培养制度"。部分高校出台了制度文件实施青年教师助讲助教和职业导师制度，从部属高校、省属地方院校到民办高校、独立学院均有案例，但推广面还需进一步扩大。

3. 青年教师校企合作产学研类项目

青年教师校企合作产学研项目选派青年教师到企业、科研院所、政府等机构工作，调研相关企业和行业的科技人才需求，开展科技成果转化，参与技术研发和生产经营管理等活动，发挥桥梁纽带作用，促进企业与高校的有效对接和联合，建立产学研合作长效机制，组建产学研战略联盟，开展人才联合培养。国家层面一直通过政策建议引导各地各校重视青年教师产学研用结合及服务社会能力。部分省份如湖北、上海、浙江、江苏等均推出了区域性的高校青年教师践习计划；黑龙江省在省级访问学者项目中增设企业访问学者类别，将企业、科研院所、政府等机构纳入访问学者接收单位。部分高校特别是行业特色明显的高校，如中国矿业大学、中国石油大学对青年教师的企业实践经历非常重视，制定了专门的实施和资助计划。但是，在项目实施过程中，部分青年教师认识不够，参与积极性不高；企业、科研机构和政府部门对青年教师的接纳程度不够，导致青年教师实践收获不明显等。

四、研讨交流类项目

1. 青年教师出国研修项目

选派青年骨干教师到国外高水平大学或科研机构师从国际知名导师进行学术研究，帮助青年教师了解学科领域最前沿的研究方向，为青年教师提供了国际化的学术交流平台，开阔了其学术视野。国家层面有留学基金委的"青年骨干教师出国研修项目"及国外各基金组织的资助项目。各地及各部属高校普遍设立了地校级资助的青年教师出国研修项目，部分资金充足的省属高校和民办高校也有小规模的出国研修资助基金。如山东省实施"优秀中青年骨干教师国际合作培养计划"、湖北省设立"教师国际交流专项资金"，浙江、上海、广东等省在此方面投入很大。高校层面有浙江大学的"新星计划"、东南大学的"青年骨干教师出国培养计划"、江苏大学的"师资培训出国留学专项基金"和"国际学术交流基金"等；武汉大学实施的"青年拔尖人才出国培养计划"，严格按照一流学校、一流学科、一流导师的标准选拔，并按照国家留学基金委资助生活费标准的 1.5 倍进行资助，起到了较好的效果。总体而言，此类项目存在的问题主要有：缺乏对于可申请的国外高校、学科专业和导师素质的科学、统一的评估和审核标准；对青年教师在国外的研修访学缺乏跟踪管理和督导；对青年教师返校后的研修成果缺乏有效的评价指标。

2. 青年教师国内访问学者项目

选派青年骨干教师作为国内访问学者赴国内重点高等学校重点学科领域进行一年的全脱产研修，使他们能够及时了解学术前沿动态和发展趋势，提高了教学科研能力和学术水平，强化了创新意识，为回校后发挥学术带头人或学术骨干作用奠定了基础。国家层面实施的有"教育部高等学校青年骨干教师国内访问学者项目"和中组部、教育部、科技部、中国科学院联合实施的选派对象面向西部各省（区）的"西部之光"访问学者项目。北京、浙江、上海、广东、广西、山东、黑龙江、福建、湖南、湖北等省（市）都设立了省级资助的国内访问学者项目。上海和广西为国内访问学者项目提供了优厚的资金保障；山东要求访问学者的接收学校必须是省外高校，以促进青年教师跨区域的学习交流；湖北、黑龙江特别设立了省内访问学者，充分发挥省内重点高校示范引领和服务地方的社会功效。北京市在国内访问学者项目中特别强调教学方法和技能的培养，要求访问学者前半年必须跟随指导教师进行教学观摩和实践，指导教师与访问学者之间一对一辅导。很多省属高校、民办高校和独立院校也出台政策文件鼓励青年教师以课程进修、科研进修等形式进行访学交流。此类项目实施存在的主要问题有：对接收学校和指导教师缺乏必要的督导机制；派出单位对青年教师研修访学期间缺乏有效的跟踪管理和督导机制；对青年教师返校后的研修成果缺乏有效的评价指标；项目形式相对单一，可考虑根据访问学者自身发展需要细分为教学型、科研型、企业实践型等，并分别制定相应的考核办法。

3. 青年教师学术研修班

以名师巡讲、教学案例分析和精品课程推广使用为主，以国家重点学科、重点实验室、工程研究中心、开放实验室和教学基地为依托，帮助青年教师了解学科领域前沿，分享教学及科研的成果和经验，促进同行交流与合作。国家层面曾组织"教育部高等学校青年骨干教师高级研修班"。各地则根据区域内高校特点和青年教师发展状况，委托高师中心体系和重点高校承担一系列专题性的青年教师学术研讨班。部分高校也依托特色优势学科开展了一些学术研修班。此类项目实施存在的问题主要有：项目设计缺乏科学的整体规划；未能有效发挥重点高校特色优势学科的示范引领作用；区域性的合作交流有待加强。

五、教改教研类项目

1. 国家级一流本科课程建设项目

2019 年 10 月，中华人民共和国教育部发布《教育部关于一流本科课程建设的实施意见》（教高〔2019〕8 号），建设适应新时代要求的一流本科课程，全面开展一流本科课程建设，树立课程建设新理念，推进课程改革创新，实施科学课程评价，严格课程管理，立起教授上课、"淘汰水课""打造金课"等硬规矩，夯实基层教学组织，提高教师教学能力，完善以质量为导向的课程建设激励机制，形成多类型、多样化的教学内容与课程体系。经过三年左右时间，建成万门左右国家级一流本科课程和万门左右省级一流本科课程（简称一流本科课程"双万计划"）。①

2020年11月推出的首批国家级一流本科课程共计5118门，包括1875门线上一流课程、728门虚拟仿真实验教学一流课程、1463门线下一流课程、868门线上线下混合式一流课程和184门社会实践一流课程。这是国家级五大"金课"首次一并亮相。

"五大金课"中，精品慕课最为大家熟知。此外，线下一流课程主要通过教学方法创新实现对传统课堂教学的改革，强调以学生为中心，激发课堂生机活力。线上线下混合式一流课程基于慕课等优质在线课程，并结合对校内课程的创新性改造，实现线上学习与线下面授相融合的混合式教学。虚拟仿真实验教学一流课程借助现代信息技术、人工智能技术与实验教学的深度融合，实现"网上做实验"和"虚拟做真实验"，有效解决了传统实验教学中"做不到""做不了""做不上"的问题。社会实践一流课程，以培养学生综合能力为目标，推动思想政治教育、专业教育与社会服务紧密结合，全面培养学生认识社会、研究社会、理解社会、服务社会的意识和能力。②

该项目存在的问题主要有：课程类别较多，总体数量相对有限，且某些类别如虚拟仿真实验教学课程和社会实践课程在学科类别上具有一定的局限性。虚拟仿真实验教学课程对于理工科更有优势，社会实践课程对于社会科学类学科更有优势。此外，国家级一流本科课程立项后，后续跟踪、定期复评以及持续建设等方面的要求和机制尚不完善，需进一步加强。

2. 教学团队建设

根据《教育部财政部关于实施高等学校本科教学质量与教学改革工程的

---

① 实施一流本科课程"双万计划"让本科课程优起来——教育部印发《关于一流本科课程建设的实施意见》[EB/OL].（2019-10-31）[2021-12-02]. http：//www. moe. gov. cn/jyb_xwfb/xw_fbh/moe_2606/2019/tqh20191031/sfcl/201910/t20191031_406261. html.

② 教育部推出首批国家级一流本科课程 [EB/OL].（2020-11-30）[2021-12-02]. http：//www. moe. gov. cn/jyb_xwfb/gzdt_gzdt/s5987/202011/t20201130_502518. html.

意见》（教高〔2007〕1 号）的总体安排，计划在全国本科高校中建立 1000 个国家级教学团队。教学团队建设的目标是通过建立团队合作的机制，改革教学内容和方法，开发教学资源，促进教学研讨和教学经验交流，推进教学工作的传、帮、带和老中青相结合，提高教师的教学水平。各地也实施了省级教学团队资助计划，浙江、山东、辽宁、江西、湖北、湖南、江苏、甘肃、河南等省每年均资助一定数量的省级教学团队。此外，部分高校也有校级教学团队资助计划。

2018 年起，为贯彻落实习近平总书记对黄大年同志先进事迹重要指示精神，教育部启动了"全国高校黄大年式教师团队"创建活动，要求以团队建设贯彻落实党的十九大精神，以团队建设推进高等教育内涵式发展，以团队建设打造高素质专业化创新型高校教师队伍，以长效机制建设促进团队可持续发展。2017 年年底公布首批 201 个教师团队，2021 年 12 月 30 日公布第二批 200 个教师团队。

同时，为深入贯彻习近平总书记关于职业教育的重要指示批示和全国职业教育大会精神，落实《关于推动现代职业教育高质量发展的意见》《国家职业教育改革实施方案》，根据《全国职业院校教师教学创新团队建设方案》，在 2019—2021 年，培育和建设 360 个满足职业教育教学和培训实际需要的高水平、结构化的国家级团队，通过高水平学校领衔、高层次团队示范，教师按照国家职业标准和教学标准开展教学、培训和评价的能力全面提升，教师分工协作进行模块化教学的模式全面实施，辐射带动全国职业院校加强高素质"双师型"教师队伍建设，为全面提高复合型技术技能人才培养质量提供强有力的师资支撑。①

该类项目建设存在的主要问题有：建设的形式比较单一，缺乏跨学科、跨学校的团队组合；缺少科学有效的监督和考评机制。

3. 青年教师教学竞赛

以教育教学技能为核心的青年教师教学竞赛是快速提高青年教师课堂教学能力的有效途径。规模较大、参与面较广的有中国教科文卫体工会主办的全国

---

① 教育部关于印发《全国职业院校教师教学创新团队建设方案》的通知［EB/OL］.（2019-06-05）［2021-12-02］. http：//www. moe. gov. cn/srcsite/A10/s7034/201906/t20190614_385804. html.

高校青年教师教学竞赛。有关学科的行业协会也组织了按学科分类的教学竞赛。各地各校也普遍开展了省级或校级青年教师教学竞赛，如东北大学、武汉大学等高校明确要求所有新入职的青年教师必须参加校级教学竞赛。

2020 年，首届全国高校教师教学创新大赛举办。此项赛事由中国高等教育学会主办，以推动教学创新、打造一流课程为主体，落实以本为本，推动教授上讲台，推进智慧教育，强化学习共同体，引导高校教师队伍建设分类发展。

该类项目存在的主要问题有：部分青年教师参赛带有一定的功利性，在竞赛中表现的态度、精神和方法没有运用到日常教学工作之中；对教学竞赛中脱颖而出的教学新秀、教学能手缺乏可持续性的发展支持，一些优秀成果没有得到应用和推广。

六、表彰激励类项目

1. 师德育人奖

此类奖励主要侧重于弘扬师德师风，营造尊师重教的良好风尚，表彰师德高尚、业务精湛、教书育人成绩显著、事迹感人、享有很高社会声誉、具有重要影响力、人民群众公认的优秀教师。全国层面的有教育部联合中央主要媒体和教育媒体，于 2010 年启动的全国教书育人楷模评选奖。地方层面的有以上海市育才奖为代表的表彰项目，该项目由上海市教育发展基金会组织，奖励本市长期从事高教事业，并在高教事业中作出突出贡献的教师、专业技术人员和管理人员。

2. 教学名师奖

教育部"高等学校教学名师"工程自 2001 年实施以来，已在全国高等院校中评选出一批国家级教学名师，推出了一批既有较高的学术造诣，又能长期从事基础教学工作，注重教学改革与实践的名师，并通过名师的示范引领作用，激发广大高校教师积极投身基础教学工作的热情。各地各高校相继推出相应的"名师工程"。

2017 年起，根据《关于印发〈国家高层次人才特殊支持计划〉的通知》（中组发〔2012〕12 号），教育部每年遴选 100 名国家"万人计划"教学名师，要求有：长期从事一线教学工作，培养优秀青少年，有突出贡献，对教育思想和教学方法有重要创新，为人师表，师德高尚，在教育领域和全社会享有较高声望。

宝钢教育基金会设立的宝钢教育奖，其中包括宝钢优秀教师奖：金额为 1 万元/人，名额为 200~300 名；宝钢优秀教师特等奖：金额为 10 万元/人，名额为 10 名；宝钢优秀教师特等奖提名奖：金额为 3 万元/人，每年名额不定。

此类奖励存在的主要问题有：评选条件更多地看重科研学术成就和项目经验，对教育教学技能如课堂教学水平、教研教改能力和成果等方面要求较少，同时也缺乏来自教学对象和同行的评议。

3. 教学成果奖

高等教育教学成果奖，是国务院确定的国家级奖励，从 1989 年开始每 4 年评选一次。2013 年已扩展为国家级教学成果奖，包含基础教育、职业教育、高等教育。各地和部分高校也设立了省级、校级教学成果奖。教学成果奖意在奖励在教学实践、改革、研究中取得教学成果的单位和个人，发挥教学成果的引领激励作用，提高教育质量。项目实施的主要问题有：奖项主要关注宏观的培养机制，对于基础类、通识类和研究心得类成果的归纳和提升关注不够，在评审中较少关注课程设计、教学方法和技术运用等方面。

七、项目改革思路

高校青年教师专业发展项目建设是一个长期过程，需要通过不断的时间积累、经验积累才能形成规模和影响，赢得欢迎和认可。尽管目前我国建立了较为丰富的教师专业发展项目体系，为促进高校青年教师专业发展提供了一定的项目支持，但总体而言，还存在项目覆盖面不广、项目结构不够均衡、项目设计缺乏科学性、创新性、项目运行机制建设不够健全等突出问题，需要我们以动态的、发展的眼光加强反思，结合时代发展要求、高等教育改革发展要求、青年教师专业发展要求，以改革创新的精神推动高校青年教师专业发展项目建设焕发新的生机和活力。

1. 优化项目总体布局

高校青年教师专业发展项目建设的总体目标是要实现青年教师专业发展与学校发展、高等教育改革发展的相协调相统一，通过做好青年教师专业发展的引导和促进工作，推动学校内涵建设和高等教育质量建设迈上新的台阶。因此，在深化高校青年教师专业发展项目改革探索的过程中，必须对进一步优化项目总体布局作出全面认识和深刻理解。一是要重视项目覆盖的全面性。高校青年教师专业发展项目的规划和布局，必须着眼整体面向全员，要以满足不同地区不同类型高校青年教师专业发展需求为总体目标，为每位青年教师平等参与专业发展项目提供机会和保障。对于教育行政部门而言，要考虑通过项目部署做好调整青年教师专业项目结构、提高项目建设质量等方面的工作，以此推动不同地区不同高校青年教师的同步发展、整体发展。二是要重视项目结构的均衡性。项目顶层设计必须呼应青年教师专业发展能力的结构与内容，必须立足青年教师的专业发展现状和水平，并根据项目评价作出动态调整。项目结构的优化，不仅能为青年教师提供更加丰富的项目选择机会，实现专业发展需求的个性化满足，还能有效改变青年教师基于专业发展选择偏好带来的专业能力发展失衡现象，通过特定的项目安排，对其专业发展方向做出有效引导，从而推动青年教师队伍的全面发展、协调发展、可持续发展。三是要重视项目实施的生动性。高校青年教师专业发展项目的设计与实施，必须加强对青年教师群体特征的分析，根据其成长发展规律作出科学安排。长期以来，我们实施的一些高校青年教师专业发展项目按照既有模式实施，存在内容陈旧、形式单一等突出问题，导致项目建设缺乏新意、缺乏时代特征，对青年教师没有产生足够的吸引力，未能激发青年教师参与专业发展项目的主观能动性。在项目实施过程中，可以考虑引入行动学习、小组研讨、团队任务等环节，以改变大多数项目主要采取集中讲授这种单向的灌输式的学习方式。四是要重视项目建设的联动性。高校青年教师专业发展促进工作是一个系统性工程，应将其置于加强高校教师队伍建设、全面提高高等教育质量的总体布局中研究部署。高校青年教师专业发展项目建设不是静态的、孤立的，还应看到其与其他工作项目的协同效应。对于组织者而言，一方面，要加强与本单位有关部门的联动配合，形成高效的内部协作机制，通过强化项目建设为青年教师专业发展提供良好的制度保障、机制保障。另一方面，要加强与本单位之外的有关部门、企业的协同合作，争取更广泛、更优质的资源支持，不断提高项目建设质量。

2. 深化具体项目改革

高校青年教师专业发展项目改革成效是否明显，更多的是通过每个具体项目的改革成效来体现，因此，在优化项目总体布局的基础上，还应重视对具体项目的研究和探索。相对于项目总体布局而言，具体项目的改革更多的是聚焦于微观层面，关注的是具体项目的设计、筹备、实施与评估。项目总体布局通常以"明确方向、调整结构、促进公平、提高质量"等为主要目标，而具体项目改革以实现"委托者满意、组织者满意、实施对象满意"等为具体导向。根据当前我国高校青年教师专业发展项目实施过程中存在的有关问题，我们认为深化具体项目改革要努力实现"四个转变"。一是项目设计理念应实现以"研修培训"为主到以"人力资源开发"为主的转变。"研修培训"理念主要是基于组织发展需求，实施对象往往处于被动接受的过程，对于项目的设计与实施起不到决定性作用；而"人力资源开发"理念则立足"人的全面发展"，是以教师个体发展需求为导向的能力开发过程，要求项目的设计与实施必须"以学习者为中心"，充分考虑其特点和需求。对于委托者和组织者而言，应当学会"换位思考"，多倾听青年教师的意见，多站在青年教师的角度去思考，要以青年教师欢迎不欢迎、满意不满意、认可不认可作为项目设计的出发点和落脚点。二是项目实施应实现以个体学习为主到以团队协作为主的转变。从目前我国高校青年教师专业发展工作实践来看，大部分教师专业发展项目的实施多以个体学习为主，缺乏有效的团队协作与支持。比如，岗位培训类、研讨交流类项目大多采取集中培训或访学研修形式，大部分时间都是主讲教师的单向式讲授，主讲教师与学员之间、学员与学员之间缺乏深度的互动式的研讨交流。再如，成长资助类、表彰激励类等项目，主要是以个人激励为主，虽然通过选树典型能够发挥其示范引领作用，但如能对从中涌现的先进人物及优秀成果，通过专题讲座、宣讲报告会等方式面向更广泛的青年教师群体开展宣传推广，或许能深化项目实施效果。现代社会具有大开放大融合特征，在深化高等教育改革，推进"双一流"建设的时代背景下，青年教师专业发展能力的提升不单单是靠个人努力，还应通过协作学习、团队任务、联合研究、协同攻关等形式予以支持和拓展。三是项目管理应实现以组织者为主到以参与者为主的转变。传统的项目管理主要基于组织者的视角进行，强调对项目的全过程管理、全方位管理，在这种模式下，组织者更多的是从管理的角度提出约束性要求，而不是站在服务提供者的角度作出精细化安排。推动项目管理更加重视参与者的作用，就是要激发参与者的主观能动性，努力实现参与者的自我管理与自我服务，能对项目建设提出合理化建议，并在项目实施过程中发挥积极作用，协助组织者做好日常管理、班级管理等工作，从而在提升专业发展能力过程中，实现组织能力、管理能力、协调能力等"隐性能力"的发展。四是项目评价应实现以静态化评价为主到以动态化评价为主的转变。项目评价是项目建设的重要环节，尽管大部分项目在实施过程中提出了明确的考评要求，但往往是在项目实施之后作出的整体评价，关注的主要是对项目实施主体的评价、对项目实施效果的评价、对参与对象的评价等。这种在项目结束之后实施的评价我们可以称之为"静态化评价"，这种评价方式侧重对项目实施整体效果的考量，对项目实施的过程性评价关注不多，对项目运行过程中出现的具体问题缺乏及时有效的应对策略。借鉴国外高校教师专业发展项目建设经验，我们认为应更多地采用"动态化评价"，也就是说应更多地关注项目实施的过程性评价，在项目实施过程中及时汇总各方面的反馈意见并开展分析，迅速作出反应与改进，对正在实施的项目从内容、形式、师资、组织管理等方面做出相应调整，推动项目建设更加符合青年教师的实际要求。

参 考 文 献

一、著作

［1］Burton R. Clark. 高等教育系统——学术组织的跨国研究［M］. 王承绪，等译. 杭州：浙江大学出版社，1994.

［2］Karl Jaspers. 什么是教育［M］. 邹进，译. 北京：三联书店，1991：145.

［3］Menges R J, Mathis B C. Key Resources on Teaching, Learning, Curriculum, and Faculty Development：A Guide to the Higher Education Literature［M］. San Francisco：Jossey-Bass, 1988：254.

［4］Ralph Fesssler, Judith C. Christensen. 教师职业生涯周期——教师专业发展指导［M］. 董丽敏，高耀明，等译. 北京：中国轻工业出版社，2005.

［5］Torsten Husen，等. 国际教育百科全书（第四卷）［M］. 贵阳：贵州教育出版社，1990.

［6］W. H. Berquist, S. R. Phillips. A Handbook for Faculty Development［M］. Washington, D. C.：Council for the Advancement of Small Colleges, 1975（1）：8.

［7］傅道春. 教师的成长与发展［M］. 北京：教育科学出版社，2003：139-162.

［8］顾明远. 教育大辞典［M］. 上海：上海教育出版社，1986：180.

［9］何克抗，吴娟. 信息技术与课程整合［M］. 北京：高等教育出版社，2012.

［10］何荣杰，张明艳. 课堂教学设计［M］. 北京：北京邮电大学出版社，2014.

［11］李瑾瑜. 新课程与教师专业发展［M］. 北京：首都师范大学出版社，2003：261.

［12］罗树华，李洪珍．教师能力概述［M］．济南：山东教育出版社，2001：49，51.

［13］瞿堃，钟晓燕．教育信息化概论［M］．重庆：西南师范大学出版社，2012：80-82.

［14］沈壮海，等．思想道德修养与法律基础［M］．北京：高等教育出版社，2021：126.

［15］石伟平，李鹏．中国职业教育发展报告（2018—2019）［M］．上海：华东师范大学出版社，2021.

［16］唐珍名．高校教师思想政治工作有效性提升研究［M］．长沙：湖南大学出版社，2016.

［17］王德清．课堂教学管理学［M］．成都：西南师范大学出版社，2009.

［18］姚美雄，等．教师素质训练和专业发展研究［M］．成都：四川大学出版社，2018.

［19］叶澜，等．教师角色与教师发展新探［M］．北京：教育科学出版社，2001：199-345.

［20］赵慧君．校园内的公共服务：高校教师岗前培训改革与发展研究［M］．北京：中国社会科学出版社，2013：65.

［21］Fullan M, Hargreaves A. Understanding Teacher Development［M］. New York：Teachers College Press，1992：243.

二、论文

［1］Bergquist，W. H.，S. R. Phillips. Components of an Effeictive Faculty Development Program［J］. The Journal of Higher Education，1975，46（2）：101-106.

［2］Chris de Winter Hebron. Ethical Staff Development：A Report［J］. Journal of Further and Higher Education，1984，8（1）：68-74.

［3］Grossman P, Wineburg S, Woolworth S. Toward a Theory of Teacher Community［J］. Teachers College Record，2001，103（6）：942-1012.

［4］Hargreaves A. Development and Desire：A Postmodern Perspective［J］. Activism，1994：51.

［5］Ian Murray, Maggie Savin Baden. Staff Developmentin Problem-based Learning

［J］. Teaching in Higher Education，2000，5（1）：107-116.

［6］ Judy Bradley. Evaluating Staff Development Schemes ［J］. Educational Research，1983，25（2）：137.

［7］ Linda Evans. What is Teacher Development? ［J］. Oxford Review of Education，2002，28（1）：123-137.

［8］ Maureen Tam. Measuring Quality and Performance in Higher Education ［J］. Quality in Higher Education，2020，7（1）：47-54.

［9］ Paul Blackmore，Andrew Wilson. Caroline Leadership in Staff Development：A Role Analysis ［J］. Research in Post-Compulsory Education，2005（2）：149-164.

［10］ 蔡亚平，田学红. 美国高校青年教师教学能力发展机制及启示——以密歇根大学为例 ［J］. 中国成人教育，2019（1）：63-66.

［11］ 程奎，严蔚刚. 习近平高校教师思想政治工作思想探析 ［J］. 现代教育管理，2018（2）：6-9.

［12］ 戴少娟，许明. 英国大学教师专业发展标准述评 ［J］. 福建师范大学学报（哲学社会科学版），2014（5）：146-153.

［13］ 范亚欣. 高校青年教师思想政治素质建设研究——以河南省为例 ［D］. 郑州：河南大学，2018：45-47.

［14］ 郭凌云. 美国 PFF 项目对我国高校教师职前培养的启示 ［D］. 桂林：广西师范大学，2010.

［15］ 韩洁芳. 高等学校科技国际化研究 ［D］. 大连：大连理工大学，2016：158-162.

［16］ 黄海涛，葛欣. 高校初任教师专业发展需求的结构及问卷编制 ［J］. 江苏高教，2019（19）：83-86.

［17］ 黄海涛，葛欣. 高校新教师专业发展需求现状与政策建议 ［J］. 江苏高教，2017（9）：59-63.

［18］ 季兴帅. 高校教师岗前培训存在的问题及对策 ［J］. 教育管理，2012（4）：31.

［19］ 玛格雷特·比洛-施拉姆，刘杰，秦琳. 德国大学教师发展：培训与继续教育 ［J］. 北京大学教育评论，2014，12（2）：2-12，189.

［20］ 潘懋元，罗丹. 高校教师发展简论 ［J］. 中国大学教学，2007（1）：5-8.

[21] 裴跃进. 美国《教师专业化基准大纲》的解读与启示 [J]. 外国中小学教育, 2009 (11): 32-36.

[22] 裴正兵, 田彩云. 高校教师科研成果转化教学案例意义、基础与模式研究 [J]. 高教学刊, 2018 (17): 82-83.

[23] 沈国琴. 德国柏林高校的教师教学研究——柏林高校教学研究中心的经验及启示 [J]. 比较教育研究, 2016, 38 (7): 85-90.

[24] 申继亮, 王凯荣. 论教师的教学能力 [J]. 北京师范大学学报 (人文社会科学版), 2000 (1): 64-71.

[25] 宋广文, 魏淑华. 论教师专业发展 [J]. 教育研究, 2005 (7): 71-74.

[26] 唐玉光. 基于教师专业发展的教师教育制度 [J]. 高等师范教育研究, 2002, 14 (5): 35-40.

[27] 唐玉光. 教师专业发展的研究 [J]. 全球教育展望, 1999 (6): 39-43.

[28] 唐智松, 刘涛. 高校教师岗前培训中的问题与对策 [J]. 高等教育管理, 2007 (4): 98.

[29] 陶勤. "校本化" 青年教师岗前培训模式浅论 [J]. 教育教学研究, 2010 (6): 242.

[30] 李志峰, 高慧. 高校教师发展: 本体论反思与实践逻辑 [J]. 大学教育科学, 2013 (4): 66-71.

[31] 李志峰, 龚春芬. 大学教师发展: 实践困境和矛盾分析 [J]. 教师教育研究, 2008 (1): 23.

[32] 林崇德, 申继亮, 辛涛. 教师素质的构成及其培养途径 [J]. 中国教育学刊, 1996 (6): 16-20.

[33] 林浩亮. "高原期" 教师专业发展——以教师专业发展学校为平台 [J]. 继续教育研究, 2014 (1): 87.

[34] 刘丽颖, 左双双. 习近平关于高校教师思想政治工作重要论述研究 [J]. 辽宁师范大学学报 (社会科学版), 2020 (1): 30-37.

[35] 刘惠琴, 彭方雁. 融合与创新研究型大学科研团队运行模式剖析 [J]. 清华大学教育研究, 2005 (5): 92-96.

[36] 刘明霞, 李森. 国外新教师入职教育及其对我国的启示 [J]. 教师教育研究, 2008, 20 (3): 77-80.

[37] 卢乃桂, 钟亚妮. 国际视野中的教师专业发展 [J]. 比较教育研究,

2006 (2): 74.

[38] 王春玲, 高益民. 美国高校教师发展的兴起及组织化 [J]. 比较教育研究, 2006 (9): 56.

[39] 王鉴, 徐立波. 教师专业发展的内涵与途径——以实践性知识为核心 [J]. 华中师范大学学报 (人文社会科学版), 2008 (3): 125.

[40] 吴捷. 教师专业成长过程及其影响因素研究 [J]. 教育探索, 2004 (10): 117-119.

[41] 郗厚军, 康秀云. 习近平总书记关于高校教师思想政治工作论述的理论意涵、主要内容及基本特质 [J]. 思想理论教育, 2018 (12): 78-83.

[42] 肖立勋, 韩姗杉, 康秀云. 70 年来高校师德规范的回顾和前瞻 [J]. 江苏高教, 2019 (11): 6-10.

[43] 许芳杰. 数据智慧: 大数据时代教师专业发展新路向 [J]. 中国电化教育, 2016, 357 (10): 18-23.

[44] 徐婷婷. 加强高校青年教师思想政治教育的探索与思考 [J]. 大学教育, 2019 (12): 105-107.

[45] 徐彦红. 大学青年教师专业发展影响因素研究 [D]. 北京: 首都经贸大学, 2017.

[46] 杨秀玉. 教师发展阶段论综述 [J]. 外国教育研究, 1999 (6): 36-41.

[47] 杨艳梅. 美国新任教师专业发展的新尝试——康涅狄格州 "TEAM 计划" 评析 [J]. 当代教育科学, 2010 (19): 28-30.

[48] 张茂林. 创新背景下的高校科研团队建设研究 [D]. 武汉: 华中师范大学, 2011: 5-11.

[49] 赵醒村, 胡炜, 等. 科技成果转化为教育资源的途径研究 [J]. 科技管理研究, 2010 (7): 82.

[50] 周景坤. 高校教师专业成长阶段研究 [J]. 教育评论, 2015 (3): 80-82.

[51] 朱旭. 以习近平思想为引领, 构建高校师德师风建设长效机制 [J]. 大学教育, 2019 (12): 170.

三、其他

[1] American Federation of Teachers. Beginner Teacher Induction: The Essential Bridge Policy Brief [R]. Washington, D. C. , 2001.

［2］ Hargreaves A E, Fullan M G E. Understanding Teacher Development ［M］. New York：Teachers College Press，1992.

［3］ National Education Association. Faculty Development in Higher Education：Enhancing a National Resource ［R］. Washington，D. C. ：National Education Association，1991：11-12.

［4］ 陈宝生. 弘扬尊师重教好风尚 踏实强师筑梦新步伐 ［N］. 光明日报，2019-09-09（1）.

［5］ 广东省教育厅. 广东省高等学校教师岗前培训指导意见 ［EB/OL］. (2018-09-17)［2021-12-02］. http：//www. gd. gov. cn/zwgk/zcjd/snzcsd/content/post_130595. html.

［6］ 中华人民共和国教师法 ［EB/OL］. (1993-10-31)［2021-12-02］. http：//www. moe. gov. cn/jyb_sjzl/sjzl_zcfg/zcfg_jyfl/tnull_1314. html.

［7］ 教育部高等教育教学评估中心. 全国普通高校本科教育教学质量报告（2020 年度）［M］. 北京：高等教育出版社，2021.

［8］ 全美教师教育学院协会创新与技术委员会. 整合技术的学科教学知识 ［M］. 北京：教育科学出版社，2011.

［9］ 2019 年全国科技成果统计年度报告 ［EB/OL］. (2020-09-01)［2021-12-02］. https：//www. tech110. net/portal. php? mod＝view&aid＝6927511.

［10］ 增加师生互动 学堂在线推出智慧教学工具"雨课堂"［EB/OL］. (2016-06-17)［2021-09-12］. http：//mobile. people. com. cn/n1/2016/0617/c183008-28453329. html.

［11］ 习近平出席全国教育大会并发表重要讲话 ［EB/OL］. (2018-09-10)［2021-12-12］. http：//www. gov. cn/xinwen/2018-09/10/content_5320835. html.

［12］ 教育部办公厅关于启动实施高等学校新入职教师国培示范项目的通知 ［EB/OL］. (2016-06-20)［2021-12-10］. http：//m. moe. gov. cn/srcsite/A10/s7034/201606/t20160627_269841. html.

［13］ 教育部关于印发《教育信息化 2.0 行动计划》的通知 ［EB/OL］. (2018-04-18)［2021-12-10］. http：//www. moe. gov. cn/srcsite/A16/s3342/201804/t20180425_334188. html.

［14］ 中华人民共和国教育部. 教育资源建设技术规范（征求意见稿）［S］.

北京：中华人民共和国教育部，2001.

［15］实施一流本科课程"双万计划"让本科课程优起来——教育部印发《关于一流本科课程建设的实施意见》［EB/OL］.（2019-10-31）［2021-12-02］. http：//www. moe. gov. cn/jyb＿xwfb/xw＿fbh/moe＿2606/2019/tqh20191031/sfcl/201910/t20191031_406261. html.

［16］教育部推出首批国家级一流本科课程［EB/OL］.（2020-11-30）［2021-12-02］. http：//www. moe. gov. cn/jyb＿xwfb/gzdt＿gzdt/s5987/202011/t20201130_502518. html.

［17］教育部关于印发《全国职业院校教师教学创新团队建设方案》的通知［EB/OL］.（2019-06-05）［2021-12-02］. http：//www. moe. gov. cn/srcsite/A10/s7034/201906/t20190614_385804. html.

［18］习近平向全国广大教师致慰问信［EB/OL］.（2013-09-09）［2022-01-01］. http：//jhsjk. people. cn/article/22860213.

［19］习近平在北京师范大学考察 号召全国广大教师做党和人民满意的好老师［EB/OL］.（2014-09-10）［2022-01-01］. http：//jhsjk. people. cn/article/25629944.

［20］习近平：把思想政治工作贯穿教育教学全过程 开创我国高等教育事业发展新局面［EB/OL］.（2016-12-09）［2022-01-01］. http：//jhsjk. people. cn/article/28936173.

［21］习近平：全面贯彻落实党的教育方针 努力把我国基础教育越办越好［EB/OL］.（2016-09-09）［2022-01-01］. http：//jhsjk. people. cn/article/28705338.

［22］习近平：用新时代中国特色社会主义思想铸魂育人 贯彻党的教育方针落实立德树人根本任务［EB/OL］.（2019-03-19）［2022-01-01］. http：//jhsjk. people. cn/article/30982234.

［23］习近平在清华大学考察时强调 坚持中国特色世界一流大学建设目标方向 为服务国家富强民族复兴人民幸福贡献力量［EB/OL］.（2021-04-19）［2022-01-01］. http：//jhsjk. people. cn/article/32082047.

［24］习近平在北京大学师生座谈会上的讲话［EB/OL］.（2018-05-03）［2022-01-01］. http：//jhsjk. people. cn/article/29961631.

［25］中共中央 国务院关于全面深化新时代教师队伍建设改革的意见［EB/
OL］（2018-01-20）［2021-12-10］. http：//www. moe. gov. cn/jyb_ xwfb/
moe_ 1946/fj_ 2018/201801/t20180131_ 326148. html.

后 记

书稿终于完成，也是基于近些年我们对高校青年教师专业发展能力提升的调研而进行的总结和思考。2022年全国教育工作会议强调，必须跳出教育看教育、立足全局看教育、放眼长远看教育。对于高校青年教师专业发展，同样需要具有"跳出自身""立足全局"和"放眼长远"的思考。

本书结合我国高校青年教师的对象范围和特点，探讨高校青年教师专业发展的内涵，梳理从中华人民共和国成立至今国家关于教师专业发展所制定的政策法规，通过对高校青年教师的思想政治素养、教育教学能力和学术科研能力三方面剖析，结合高校青年教师专业发展需求分析，对高校青年教师专业发展项目建设进行分析并提出改革思路。

本书是教育部哲学社会科学重大项目"高校青年教师专业发展能力提升研究"（项目编号：13JZDW006）的研究成果。其中，第一章、第三章、第四章、第五章、第六章由文鹏撰写，第二章由朱晨光撰写，第七章由张丹撰写。全书由谢红星、文鹏统稿。

我们在编写的过程中查阅了大量的资料，借用了许多同行的相关成果，在此表示谢意。我们在借鉴国内外相关研究成果时，还做了细致深入的调查，进行了认真严谨的研讨，将我们关于高校青年教师专业发展的研究成果呈现在本书中。希望我们的研究能起到抛砖引玉的作用，吸引更多优秀的教育研究者和教育工作者加入到关于高校教师专业发展的研究工作中，让高校青年教师的专业发展和能力提升成为学界和业界广泛关注的问题，推动更多思考、探索和完善。

谢红星

2022年10月于湖北大学